清华经管思想文库

打造高可靠性组织

郑晓明　倪丹◎著

从个体正念到组织正念

清华大学出版社
北　京

图书在版编目（ＣＩＰ）数据

打造高可靠性组织：从个体正念到组织正念 / 郑晓明，倪丹著.
北京 ：清华大学出版社，2025. 3.
ISBN 978-7-302-68063-5

Ⅰ．F272.92

中国国家版本馆 CIP 数据核字第 2025VG5392 号

责任编辑：宋冬雪
封面设计：青牛文化
版式设计：张　姿
责任校对：王荣静
责任印制：刘　菲

出版发行：清华大学出版社
　　　　　网　　　址：https://www.tup.com.cn，https://www.wqxuetang.com
　　　　　地　　　址：北京清华大学学研大厦 A 座　　　　邮　　编：100084
　　　　　社　总　机：010-83470000　　　　　　　　　邮　　购：010-62786544
　　　　　投稿与读者服务：010-62776969, c-service@tup.tsinghua.edu.cn
　　　　　质　量　反　馈：010-62772015, zhiliang@tup.tsinghua.edu.cn
印　装　者：三河市东方印刷有限公司
经　　　销：全国新华书店
开　　　本：148mm×210mm　　印张：6　　插页：1　　字　　数：114 千字
版　　　次：2025 年 4 月第 1 版　　　　　　　印　　次：2025 年 4 月第 1 次印刷
定　　　价：49.00 元

产品编号：101878-01

经通中外 ◆ 管汇知行
思成用谨 ◆ 想集致新

　　正念（Mindfulness）早在数千年前的东方哲学和宗教中就已经存在。它最初起源于佛教，尤其是在释迦牟尼佛教义中被广泛提到。20世纪初，西方学者逐步将正念这一概念引入医学等领域，并进行了一系列的研究。随着学术界对正念的研究越来越多，组织管理领域的学者也对正念给予了密切的关注，并验证了正念对于个体、团队乃至组织具有重要的作用。由此，在近15年的时间里，全球越来越多的企业开始引入和实施正念训练。也正是因为正念在管理实践中得到了广泛的认可，美国《时代》杂志曾两度用封面故事报道了正念冥想这股潮流。

　　面对这个令人瞩目的现象，我们从2015年开始便在正念领域开展了大量的学术研究，并积累了丰富的研究成果。这些研究涵盖了多个具体的方向：我们从组织行为学的领域入手，全面探讨了工作场所中正念的理论基础、测量量表，考察了个体正念对员工的身心健康、工作态度、工作行为的影响，并且探索了团队正念对于团队整体效能的效果；此外，我们深入剖析了领导正念对于团队、员工的人际影响。

　　这本书涵盖了作者团队在过去近10年的重要研究成果，同时也包含了文献中其他关键的学术成果。这些研究成果涉及多个领域，从心理学、神经科学到组织行为学等。值得一提的是，为了帮助读者能够更有效地提升正念水平从而受益，本书系统地介绍了许多实用的训练方法，并展示了正念练习在不同情境中的应用方法。

全书包括五个章节。首先，在第一章，我们探讨了正念的定义与内涵，帮助大家对这个核心的概念形成初步的理解。其次，我们按照企业中的层次划分，分别介绍了职场中的个体正念（第二章）、团队正念（第三章）、集体正念（第四章）的主要研究情况以及在企业中的应用。最后，我们展示了正念领导力的核心内容与案例（第五章）。我们希望为读者提供一个全面、深入且权威的正念知识体系。

管理者阅读本书的内容，不仅可以理解正念的本质，及其在职场中的重要作用，也可以通过书中所提供的正念练习和策略来指导日常工作中的行为表现。我们期待这本书及其代表的有关研究和管理实践案例能够作为催化剂，让读者更加深入地了解正念，尤其是工作场所中正念的应用，以推动员工、团队、组织的整体绩效提升和可持续发展。

郑晓明　倪丹

2024 年 6 月 2 日

目录
CONTENTS

第一章

什么是正念？

正念的起源

　　正念的起源可以追溯到佛教的传统和教义，它最早出现在佛陀的教诲中，是佛教修行和觉醒的核心要素之一。佛陀（又称释迦牟尼佛）是公元前 5 世纪的印度苦行者，他在探索人类存在和苦难的本质时获得了觉醒（成佛）。佛陀教导人们超越痛苦和迷惑，达到解脱和觉醒的境地。正念作为佛陀教义中的一个重要概念，被视为实现解脱和觉醒的关键路径之一。佛陀认为通过培养正念，人们可以觉察到自己的思想、感受、身体和环境，不受过去和未来的思绪干扰，以及不受主观评判和执着的影响，从而获得更深入的理解和智慧。正念被视为一种非批判性、非判断性的觉察状态，通过专注于当下的体验，不加评判地接受和观察一切，包括自己的情绪、感觉和思维，从而帮助人们接纳和理解自身与世界。

　　正念的实践在佛教传统中被称为"Vipassana"，意为"内观"或"清晰观察"。通过内观冥想等练习，人们可以培养对自身和世界的觉察，并从中获得内在的平静和洞察力。正念也被认为是佛教八正道的一部分，八正道是佛陀所教授的通向解脱的实践准则。内观冥想的核心是觉察身体的感受、呼吸和思绪的流动，以及觉知一切外部的事件、声音和环境。通过觉知这些经验，人们能够超越概念和分析，直接体验当下的真实。

正念的实践使人们能够更全面地认识自己和世界，理解事物的无常和无我性质。本质上，正念致力于让人们超越妄念和欲望的束缚，认识到一切事物都是无常和无我的。

随着佛教的传播，正念的概念和实践逐渐扩散到亚洲其他国家和地区，如斯里兰卡、缅甸、泰国和日本等。在这些地方，正念成为佛教修行的重要组成部分，并得到广泛的实践和传承。近年来，正念的概念和实践也被引入心理学和医学领域。20 世纪70 年代，正念开始引起西方心理学家和研究人员的兴趣。正念减压课程是其中的一个例子。美国的心理学家、医学家乔·卡巴金（Jon Kabat-Zinn）将正念与心理学和医学结合，创立了正念减压课程。这个课程结合了冥想、正念和瑜伽等元素，旨在帮助人们应对压力、疼痛和疾病，提高生活质量。随着科学研究的不断深入，正念的益处得到了越来越多的证实。研究表明，正念训练可以改善认知功能、调节情绪、应对压力和焦虑，增强注意力和自我意识，促进心理健康和个人成长。正念还被应用于心理疗法、教育、管理等领域。

正念的概念

自 20 世纪 80 年代乔·卡巴金将正念引入科学领域之后，正念研究在心理学、临床医学等领域得到了迅速的发展（Good

et al., 2016）。截至目前，学术界对正念的定义尚未达成共识，但主要有以下四种观点（段文杰，2014；郑晓明 & 倪丹，2018；诸彦含等，2020）。

第一种，多数学者将正念看为个体特质（Brown & Ryan，2003；Cardaciotto et al., 2008；Feldman et al., 2007），是个体以不加评判的方式注意和觉知日常生活中当前体验的一般倾向。有别于传统特质，正念是一种类特质（trait-like），即具有一定稳定性，也在一些情况下产生变动性。第二种，学者将正念看作个体表现出的一种心理状态（Buchheld et al., 2001；Lau et al., 2006），强调正念的动态变化（Bishop et al., 2004；Tanay & Bernstein, 2013）。第三种，有部分学者认为正念是一系列的技能（Baer et al., 2004；Baer et al., 2006；Fresco et al., 2007），可以通过特定的训练得以培养和提升。其中，正念技能包括观察、描述、有觉知地行动和不加评判地接纳等。第四种，基于信息加工框架，学者将正念看作认知过程（Chadwick et al., 2008；Haigh et al., 2011；Langer, 1989）。例如，Langer（1989）认为正念是一种功能性模式，个体通过建立新类别，引导注意力到特定情境中从而重构环境。

尽管学者们对正念维度尚且存在不一致的结论，但在以下方面具有高度共识，即正念由两个独立的维度——注意觉知和接纳（Bishop et al., 2004；Kabat-Zinn, 1994）所构成。Bishop 等人（2004）认为正念是人们以开放的、不加评判的方式注意觉察当前的内外部体验。他们明确指出正念包含两个方面,分别是有意识地自我调节注意力,以促进对当下的觉知;通过接纳的方式保持注意与觉知。

可见,正念的定义有多种,但通常包括以下两个关键要素。

首先,正念注重当下的体验,而不是纠结于过去或未来的思绪和担忧。正念是一种有意的、无偏见的觉知状态,意味着我们有意识地将注意力集中在当前的经验上,而不受偏见、评判或预期的干扰。注意觉知描述了个体对当下体验和事件所进行的注意与觉知(Brown & Ryan, 2003; Brown et al., 2007)。注意(attention)强调个体将注意力集中于当下的内在体验(如感受、情绪、触觉)或外部刺激(如事件、声音、环境)上,而非过去或未来(Brown & Ryan, 2003; Roemer & Orsillo, 2007)。觉知(awareness)是个体对于那些在特定时刻包围着他们的事物所进行的纯粹感知和观察(Brown & Ryan, 2004),它将一个人的注意力从过去或未来转向现在(Tang & Posner, 2009)。实际上,注意反映了个体对于觉知的聚焦,以突出事物被选定的某方面。觉知是指个体对当下内部和外部现象的体验。当然,也有学者将"注意"和"觉知"看作两个不同的方面(Baer et al., 2004; Zheng et al., 2023)。这是因为注意强调的是个体注意力水平,而觉知强调的是人们对于内外方面的觉察或洞察的能力。

其次,正念强调接受和包容一切的态度,无论是愉快的还是不愉快的经验，都被接纳为它们本身的存在。正念展示出个体以不加评判的接纳方式注意和觉知当下正在发生的体验和环境（Brown & Ryan, 2003; Kabat-Zinn, 1994; Roemer & Orsillo, 2007），这也是正念的基本内涵（Brown & Ryan, 2004; Kabat-Zinn, 1990）。简单来说，接纳（acceptance）是指个体坦然接纳当前的任何内在体验和外部刺激，而不陷入自动评判或即刻反应之中（Buchheld et al., 2001; Segal et al., 2001）。因此，人们不试图去改变当下的体验和事件（Cardaciotto et al., 2008），也不用判断或习惯性的想法去粉饰它们（Brown et al., 2007）。例如，Deikman(1982) 和 Martin(1997) 认为，正念的一个核心特征就是开放式（open）或接受式（receptive）保持注意和觉知（Deikman, 1982; Martin, 1997）。Bishop 等人（2004）也强调了正念除注意觉知之外，还有一个重要组成部分就是接纳。

到目前为止，学术界已有多个成熟的量表测量正念，详见表1.1。

表1.1 正念测量量表

测量工具	开发者（时间）	评分制	示例（题项总数）	维度
工作场所中的正念量表	Zheng等人(2023)	5	如果我的工作出现了问题，我能够迅速察觉到(18)	觉知、注意、接纳
弗莱堡正念量表	Buchheld，Grossman和Walach (2001)；Walach等人(2006)	4	我观察自己的体验是如何产生又是如何消逝的(30)	关注当下；不加评判接纳；对体验的开放性；洞察力
正念注意觉知量表	Brown和Ryan(2003)	6	我发现自己不能专注于自己正在做的事情(15)	正念
肯塔基州正念量表	Baer，Smith和Allen(2004)	5	当我做事时，我的思绪在漫游且自己容易分心(39)	注意；描述；有意识活动；不加评判接纳
五因素正念量表	Baer等人(2006)	5	我认为对当下发生的事情保持专注很难(39)	不反应；观察；有意识地进行活动；描述；对体验不加评判
多伦多正念量表	Lau等人(2006)	5	我更关心对自己体验的开放性而不是控制和改变它们(13)	好奇；去中心化

（续表）

测量工具	开发者（时间）	评分制	示例（题项总数）	维度
认知与情感正念量表—修订版	Feldman等人(2007)	4	我容易分心 (12)	注意；关注当下；意识；接纳
体验问卷	Fresco等人(2007)	5	我可以观察不愉快的感受而不会卷入其中 (11)	去中心化
南安普顿正念问卷	Chadwick等人(2005, 2008)	7	我不久之后就能感到平静 (16)	正念
费城正念量表	Cardaciotto等人(2008)	5	我能意识到通过我脑海的想法 (20)	意识；接纳
正念问卷	Haigh等人(2001)	7	我喜欢智力上被挑战 (21)	追求创新；投入；创新产生；灵活性

注：该表由郑晓明和倪丹（2018）文中的量表改编而来。

正念训练方法

正念训练是一种系统的实践,旨在培养对当下经验的觉知和接纳。在本节中,我们将给大家具体介绍几种常用的训练方法,见表1.2。

表1.2 正念训练方法

训练方法名称	开发者	核心原理
基于正念的减压法	Jon Kabat-Zinn	通过保持正念,人们可以学会以观察者,即第三方的身份,观察自己的思维和情绪,从而减少它们带来的困扰
基于正念的认知疗法	Zindel Segal 等人	帮助人们有意识地专注于当下的任务、生活或者身体感觉等,并且包容和无批判地接受当下的体验。当人们练习正念冥想时,他们将更加清晰地觉察内在和外在的体验与对个人思想和情感的认知
接纳承诺疗法	Steven C. Hayes 等人	接纳内心体验,与其试图消除或控制痛苦的内心体验,不如接受并与之共存
正念自我同情训练	Kristin Neff 和Christopher Germer	结合正念和自我同情的实践,培养对自身的友善、关怀和接纳态度
基于网络的正念训练	—	培养参与者的正念意识,即有意识地并且非判断性地将注意力带回至当前的体验

一、基于正念的减压法

基于正念的减压法（Mindfulness-Based Stress Reduction，MBSR）是结合了正念冥想和认知心理学原理的一种心理疗法。它最初由医学博士乔·卡巴金于 1979 年在美国马萨诸塞州的疗养院中开发。

MBSR 的核心目的是通过正念冥想和日常生活中的正念实践来培养人们的觉察和接纳的能力。通过专注于当前的感受、思想和身体状态，人们可以减轻压力、提高情绪调节能力，并培养更深层次的自我认知。许多研究表明，MBSR 可以在很大程度上改善人们的心理健康水平、减轻疼痛感知、提高应对压力的能力，并促进整体的幸福感。MBSR 已被广泛用于应对压力、焦虑、抑郁、慢性疼痛、睡眠问题等方面的挑战。

MBSR 的核心原理

正念是 MBSR 的重要内核。通过保持正念，人们可以学会以观察者，即第三方的身份，观察自己的思维和情绪，从而减少被它们所困扰。在 MBSR 中，参与者通过正念冥想练习可以提高对自身和环境的觉察，以及对内在体验和外部环境的接纳。MBSR 使用认知心理学的原理来帮助参与者认识和改变消极的思维。在认知重塑的过程中，人们会意识到负面思维的存在，比如过度自责和扭曲的认知等，并通过积极和有利于情绪健康的思维来替代它们。通过认知重塑，人们可以认识到并替换负面思维，从而改变对自身和环境的看法，并培养积极情绪和改善心理健康。

　　MBSR 强调培养对内在体验和外部刺激的非判断性觉察。换句话说，拥有非判断性觉察的人们会接纳当前的体验，而不是评价或评判它们。通过降低评判和期望，人们可以减少自我批评、焦虑和抑郁的影响，从而更好地面对压力和情绪困扰。MBSR 可以帮助人们更好地管理压力和情绪。当实践 MBSR 时，参与者会逐渐学会在压力和情绪激增时保持平静和冷静。通过观察和接纳当前的情绪状态，参与者可以尽量避免过度反应和情绪消耗，并且培养更灵活和更积极的情绪调节能力。此外，MBSR 可以通过身体活动(如瑜伽和伸展运动)来帮助参与者重建身心的联系。这些活动有助于参与者放松紧张的身体、提高身体的灵活性，并促进身心的整合。通过身体活动的实践，人们可以加深对身体感觉和身体与情绪之间相互作用的觉察。

MBSR 的练习内容

　　参与 MBSR 课程是练习 MBSR 的途径之一，MBSR 的课程通常是一个连续的 8 周课程，每周一次，每次约 2 至 3 小时。在课程中，指导者会介绍 MBSR 的核心概念、原则和实践方法，并提供支持和指导。MBSR 课程中还包括一些心理教育的内容，来帮助参与者理解压力、情绪和身心健康的基本原理，从而更好地认识到自己的内在体验，并采取适当的措施来促进身心健康。

　　正念冥想是 MBSR 的核心练习之一。首先，练习者需要在一个安静的地方，可以是专门的冥想室、卧室，或任何练习者感到舒适的地方。其次，练习者要以一个舒适的姿势将注意力集中在呼吸、身体感受或其他感官体验上。以呼吸为关注对象为例，参与者要感受和观察呼吸的感觉和流动，并且不要有意识地改变呼吸的方式。当思绪开始漂移时，参与者应该以平和包容的态度让注意力重新回到专注对象上。刚开始进行正念冥想练习，参与者可以从 5 至 10 分钟开始，时间可以逐渐增加。

MBSR 同时也鼓励参与者将正念扩展到日常生活中的各个方面。例如，在吃饭时，专注于食物的味道和口感，而不是分散的思绪。在洗碗时，专注于感受水流的触感和流动。这样的练习能够帮助参与者培养对当下的敏感性和欣赏的态度。身体活动和瑜伽练习也是 MBSR 中一个重要的组成部分，旨在帮助恢复身心的连接。这些活动有助于放松身体、增强身体灵活性，并培养身体感知。以瑜伽为例，在开始练习瑜伽前，参与者需要选择一个安静的地方，保持舒适的姿势，放松身体和思绪。通过几分钟的深呼吸来放松和集中注意力。参与者需要根据自己的需求来选择相应的体位法来进行练习，其中包括坐姿、站立姿势、前屈、伸展、扭转和平衡等。在练习的过程中，参与者需要保持觉察和接纳当前的身体感受，不要强迫或过度用力。同时，参与者可以逐渐地慢慢移动身体，观察呼吸在不同姿势中的流动，并保持呼吸的平稳和自然。在瑜伽的练习中，参与者需要学会调息法，比如最常见的调息法——深腹式呼吸。掌握这种调息法的参与者会坐直或仰卧，将手放在腹部上，缓慢地深吸气，使腹部膨胀，然后缓慢地呼气，使腹部收缩，通过这种深呼吸来放松身体和稳定情绪。在 MBSR 中，调息法可以帮助参与者调整和平衡身体的能量、减轻压力和焦虑。通过参与 MBSR 中的各项练习，参与者可以更深入地觉察身体的感受和呼吸的流动,从而更好地建立身心的平衡和觉察。

MBSR 的作用

通过练习 MBSR,人们可以逐渐培养正念和觉察的能力,并且更好应对压力和焦虑。研究表明,参与 MBSR 课程的个体在减轻压力感受和焦虑症状方面有显著的改善。例如一项由 Carmody 和 Baer(2008)进行的研究采用了问卷调查和自我报告的测量工具,评估了 174 位参与者在 MBSR 课程后的正念水平、医学和心理症状以及幸福感。研究结果显示,参与 MBSR 课程的个体在课程结束后正念水平显著提高,对于减轻压力的感受有着积极效果。MBSR 有助于个体培养情绪调节的技能,使其更能应对负性情绪和情绪波动。例如 Goldin 和 Gross(2010)的研究采用了随机对照实验设计,招募了患有社交焦虑障碍的参与者。参与者被随机分配到 MBSR 组和对照组。MBSR 组接受为期 8 周的 MBSR 课程,而对照组则接受常规的治疗。在课程结束后和随访时期,研究人员对参与者进行了各种心理测量,包括焦虑水平、情绪调节策略和社交焦虑症状。研究结果显示,参与 MBSR 课程的个体在情绪调节方面表现出显著的改善。相比对照组,MBSR 组的参与者在应对情绪方面更加灵活和有效,并且更频繁地使用积极的情绪调节策略,如认知重评、接纳和自我关注。此外,该研究还发现,MBSR 的效果在随访时期保持稳定。参与者在结束课程后的几个月内仍然表现出改善的情绪调节能力。

MBSR 培养个体对内在体验的觉察，并鼓励他们接纳自己的感受和思维，而不是过度评判或抗拒。这有助于提高自我意识和自我接纳的能力，增强个体对自身的接纳和关怀。例如 Shapiro、Brown 和 Biegel（2007）的研究招募了一组治疗师培训中的参与者，并将其分为接受 MBSR 训练和未接受训练的对照组。MBSR 训练持续了 8 周，期间参与者学习了正念冥想和其他正念练习。研究结果显示，与对照组相比，接受 MBSR 训练的参与者表现出更高的自我意识水平和更强的自我接纳能力。他们更加意识到自己的情绪、思维和身体感受，并且能够以一种非判断和接纳的方式对待这些体验。

总的来说，MBSR 是一种以正念为基础的心理干预方法。通过 MBSR 中的正念冥想和觉察练习，参与者可以减轻压力、提高情绪调节能力，并改善身心健康。同时，MBSR 在应对焦虑、抑郁、压力和其他情绪困扰方面具有潜在的益处，可以增进内在觉知和自我接纳，提升参与者的整体幸福感和生活质量。

二、基于正念的认知疗法

基于正念的认知疗法（Mindfulness-Based Cognitive Therapy，MBCT）是结合了正念与认知行为疗法的一种心理治疗方法。MBCT 最早是由荷兰心理学家辛德尔·西格尔（Zindel Segal）、美国心理学家马克·威廉姆斯（Mark Williams）和英国心理学家约翰·蒂斯代尔（John Teasdale）共同提出。在 20 世纪 90 年代初，他们受乔·卡巴金创立的 MBSR 的影响，以正念冥想和认知行为疗法的思想为核心，发展了 MBCT 作为预防抑郁症复发的治疗方法，来应对抑郁和焦虑的挑战。

MBCT 以认知模型为核心理论依据，认为负性情绪问题大多由自动化负性思维模式和认知偏差造成。通过练习 MBCT，人们可以更好地应对焦虑、抑郁等情绪困扰，防止情绪问题反复发作。同时，训练者能够学习观察并接纳当下的体验，不困于往昔之思与将来之忧。这种感知与接纳的心态有助于改变人们的负性情绪和应对疼痛的方式，从而降低情绪问题出现与复发的概率，来更好地调节情绪，增进心理健康。

MBCT 的核心原理

正念是 MBCT 的基础。正念帮助人们有意识地专注于当下的任务、生活或者身体感觉等，并且包容和无批判地接受当下的体验。当人们练习正念冥想时，他们将更加清晰地觉察内在和外在的体验以及对个人思想和情感的认知。MBCT 运用了认知行为疗法，而认知重组是其中的关键部分。认知重组影响人们对负面思维进行质疑和重建。这种行为会让人们改变负面思维，并且校正自己的认知偏差。MBCT 鼓励人们运用慢速思维，让人们放慢思维的节奏。处于慢速思维中，人们会对思维过程有更深刻的认知。因为慢速思维的人对于思维和情绪的反应较慢，所以可以尽可能地避免自动化反应，并且减少情绪困扰。自我关怀和同情是 MBCT 重要的核心原理。在 MBCT 中，人们需要拥有自我关怀和自怜，换句话说，人们被鼓励以温和、包容和同情的心态面对自身的苦难和挑战。

MBCT 的练习内容

MBCT 包含多种关键方法，其中一些是通过冥想练习实践的，其他则是在日常生活中运用。在 MBCT 课程开始时，治疗师会向参与者介绍 MBCT 的基本概念和原则，其中包括解释正念的概念，强调专注于当下和非判断的态度，并介绍如何进行正念冥想的练习。正念冥想是 MBCT 的核心练习之一。在冥想中，参与者被引导将注意力集中在呼吸、身体感觉或其他感官体验上。参与者将逐渐学会不加评判地将注意力集中在当下并且接纳当下的感知，无论是正面的还是负面的。冥想练习通常会通过音频进行引导，参与者可以采取舒适的坐姿，闭上眼睛，专注于冥想对象。

身体扫描是另一种常见的 MBCT 练习。在身体扫描中，参与者被引导着去关注身体各个部位的感觉，从头部开始，一直到脚部。他们需要觉察身体的感觉，注意紧张或放松的区域，并注意身体感受与情绪之间的联系。

MBCT 的练习也包括感知练习。参与者被引导关注声音、视觉、触觉或其他感官刺激，并以平和和无评判的态度来观察这些感官体验。感知练习有助于将注意力从内部的思维和情绪转移到外部的感官体验上，从而减少情绪困扰。

MBCT 还包括一些认知技术，来让人们改变负性思维模式和认知偏差。治疗师需要和参与者一起探索负性思维模式。在这个过程中，他们需要使用认知技术来标签化、挑战和重构这些负性思维。例如，他们可能会引导参与者识别和替换负性自我评价，或探索情绪和思维之间的关系。

总的来说，MBCT 通常是作为一个结构化的课程进行的，通常包括 8 周的会议。每个会议通常持续 1 至 2 小时，参与者需要在课程之间持续进行每日实践。同时，治疗师在 MBCT 课程中十分重要，因为参与者需要治疗师提供的专业且个性化的指导和反馈，来发展和巩固正念技能。

MBCT 的作用

MBCT 最初是为了预防抑郁的复发，通过培养参与者的觉察和接纳的能力，帮助他们更好地处理负性情绪，减少情绪问题的复发，并提高心理健康的稳定性。例如 Segal，Williams 和 Teasdale（2002）的研究用随机对照实验比较了 MBCT 和抗抑郁药物治疗的效果。研究结果表明，MBCT 和药物治疗在抑郁复发预防方面的效果差不多，但是 MBCT 对于那些已经停止抗抑郁药物但仍存在抑郁症状的人非常有效。除此之外，Teasdale 等人（2000）的研究探讨了 MBCT 对抑郁症患者的效果。结果表明，接受 MBCT 的患者在减轻抑郁症状和防止抑郁复发方面有着较大且明显的改善。同时，相比于接受常规治疗的患者，MBCT 组的复发率明显降低。

MBCT 可以缓解参与者的焦虑症状，改善其整体的心理健康状态。因为在 MBCT 的课程中，参与者可以学到焦虑应对技巧，如放松训练和身体感知练习，还可以通过认知重构和应对技巧来改变不健康的思维模式。这些技巧有助于调节生理和情绪反应，减轻焦虑的症状，提高应对焦虑的能力并改善心理健康。例如

Kuyken 等人（2010）的研究将参与者随机分配到接受 MBCT 或等待治疗的对照组。研究结果表明，相较于对照组，接受 MBCT 的参与者的焦虑症状、焦虑程度表现出明显降低，生活质量显著改善。此外，Williams 等人（2008）的研究也对 MBCT 的效果进行了综合评估，并且回顾了多项临床实验和研究，发现 MBCT 在改善心理健康方面具有显著效果。

MBCT 帮助人们培养正念和觉察，让人们学会更有效的压力管理方法。通过 MBCT，参与者们可以降低压力水平，增强应对困难和挑战的能力，并培养积极情绪。例如 Hülsheger 等人（2013）的研究中，参与者是来自德国不同组织的员工，他们被随机分配到两个不同的组别：一个是接受 MBCT 干预的实验组，另一个是对照组。实验组的员工接受了为期 8 周的 MBCT 课程，每周参加一次 90 分钟的课程。研究结果表明，相较于对照组，接受 MBCT 干预的员工在工作压力管理方面表现出显著的改善。他们报告的工作压力水平下降，情绪稳定性提高，并且对工作的效能和满意度也有所提高（Hülsheger et al., 2013）。

MBCT 的正念练习有助于人们增强注意力和集中力，提高工作记忆和认知灵活性。例如 Norris 等人（2018）的研究调查了 MBCT 对大学生注意力和集中力的影响。他们的研究发现，接受 MBCT 的大学生相较于对照组，表现出更好的注意力控制和工作记忆，以及更高的集中力水平。

综上所述，MBCT 结合了正念和认知行为疗法的理念，是一种有效的心理疗法，可以帮助人们处理焦虑、抑郁和其他情绪困扰，并预防情绪问题的复发。通过正念的实践和认知重组，MBCT 帮助人们观察和接纳当前的经验，改变负性思维模式和认知偏差，从而促进情绪调节和心理健康的改善。大量研究证实了 MBCT 的疗效，使其成为心理治疗领域中备受关注和应用的方法之一。

三、接纳承诺疗法

接纳承诺疗法（Acceptance and Commitment Therapy，ACT）是一种心理治疗方法，是通过建立价值导向的行动来提高生活质量的方法。该疗法是由美国著名的心理学家斯蒂芬·海斯（Steven C. Hayes）教授及其同事于 20 世纪 90 年代基于行为疗法创立的新的心理治疗方法，是继认知行为疗法后的又一重大的心理治疗理论。ACT 与辨证行为疗法、内观认知疗法一起被称为"认知行为治疗的第三浪潮"，是认知行为治疗的最新发展。ACT 提供了一种全面的心理治疗框架，帮助个体建立与内心痛苦的健康关系，并通过有意义的行动实现个人目标和价值。在过程中，人们被鼓励接纳内心体验，做个体与自身价值和目标一致的事情。由此，人们会逐渐接受内心的痛苦和困扰。如今，它被广泛运用于各种心理问题的治疗，并展现出积极的成效。

ACT 的核心原理

ACT 的核心原理是接纳内心体验。ACT 认为人们与其试图消除或控制痛苦的内心体验，不如接受并与之共存。这意味着参与者需要在 ACT 的过程中逐渐学会接受各种情绪、思维和感觉，包括负面的或痛苦的体验，而不是试图消除或抵制它们。通过接纳内心体验，参与者可以意识到这些体验与自身价值和目标的关系，减少与痛苦的斗争，并更加关注真正重要的事情。通过明确当下最重要的目标，参与者可以更好地制订相对应的行动计划。另一个核心原理是观察自我。ACT 鼓励参与者以观察者的角色观察自己的思维、情绪和身体感受。这种观察不是批判性的评判，而是纯粹的观察和意识。自我观察可以帮助参与者培养内在的自我反省和客观的觉察能力，从而避免过度的反应，也能更好地了解自己的需求、价值和目标。由此，参与者可以更准确地识别自己真正重要的事情，并根据这些发现来指导自己的行动。此外，通过自我观察，参与者可以以观察者的角色更加全面地了解自己的情绪和行为模式，明确自己的优点和缺点。

价值导向行动是 ACT 的第三个关键的核心原理。有着价值导向行动的参与者一般会根据自己的价值和目标来制订相应计划，并积极投入这些行动中。这种行为是基于内在的动机，而不是由于外部奖励的刺激或为了避免痛苦。通过与自己的价值一致的行动，参与者可以更好地应对挑战、克服困难，并逐渐改善自己的生活质量和提高自我实现感。ACT 还强调灵活性。为了应对生活中的变化和不确定性，参与者需要灵活地调整自己的行动和反应，以适应不同的情境和需求。拥有灵活性的参与者能够更好地应对当下的挑战，适应变化，并在面对困难时寻找新的解决方案。

总体而言，ACT 通过帮助人们接受内心体验、观察自我、价值导向行动和培养灵活性等核心原理，促进心理健康和提升生活质量。

ACT 的练习内容

ACT 的练习之一是观察自我，目的是帮助参与者观察自己的思维、情绪和身体感受，增加对内在体验的觉察。参与者可以通过尝试静坐冥想专注于呼吸或身体感受，并注意到不断涌现的思维和情绪。通过观察自我，个体可以发展对内在体验的客观观察能力，而不是将其与自己的身份和价值混为一体。

接受内在体验也是 ACT 练习的一部分。在这个练习中，参与者需要以开放和接纳的态度面对内心的痛苦和困扰。参与者可以尝试意识到自己所感受到的情绪或身体不适，并以一种无评判和无抵抗的态度对待它们。参与者无须对这些体验表示喜欢或赞同，而是仅仅把其作为人类正常存在的一部分来接受它们。

在 ACT 练习中，参与者需要明确对自己真正重要的价值和事情，这个练习被称为确定核心价值。在明确核心价值的练习中，参与者可以通过回顾自己的生活来思考什么是对自己真正有意义和重要的事情，其中可以涉及个人关系、职业发展、个人成长等各个方面。通过这项练习，参与者可以明确自己的行动方向。

在 ACT 中，参与者被鼓励制订与核心价值相一致的行动计划。这意味着参与者需要根据自己的目标和价值，确定可以采取的具体行动步骤，并将其纳入日常生活中。行动计划可以包括制定目标、设定小步骤、建立具体的行动计划和时间表等。

此外，ACT 的练习中也包括训练灵活的观点。这个练习需要参与者对自己的思维模式和信念进行灵活的观察和评估。通过提出问题、寻找证据和尝试新的行动，练习者可以逐渐有意识地注意到自己的固守思维模式并探索其他可能的观点和视角。

ACT 的作用

ACT 被用于治疗多种心理健康问题，包括抑郁症、焦虑症等。通过 ACT，参与者可以显著降低症状的严重程度，改善个体的功能和提高生活质量。例如 A-Tjak 等人（2015）研究了 70 名被诊断出焦虑障碍的参与者，他们被随机分配到接受 ACT 治疗组或其他治疗方法（如认知行为疗法和药物治疗）的对照组。治疗持续 8 周，期间参与者接受每周一次的治疗会话。研究结果显示，在治疗结束后和随访阶段，接受 ACT 治疗的参与者在提高心理健康、身体健康和生活质量方面表现出显著优势。通过练习 ACT，人们可以逐渐培养心理弹性以更好应对生活中的困难和挑战，并从中学会成长和发展。一项由 Gloster 等人（2020）进行的研究对 ACT 的多个元分析、系统评价和临床实验进行了综合分析和评估。研究结果表明，ACT 在提高心理弹性、增强应对压力和负面情绪的能力、促进积极行为改变等方面都显示出潜力。

ACT 也被广泛应用于疼痛管理领域，可以帮助参与者减轻慢性疼痛的影响，提高疼痛患者的生活质量。例如 McCracken 等人（2005）关于慢性疼痛患者的研究，将其随机分配到两个组别：

接受 ACT 治疗的实验组和等待名单对照组。实验组接受了 ACT 干预，包括正念技巧和接受内心体验等训练。研究结果显示，在治疗结束后和随访期间，接受 ACT 治疗的患者受疼痛干扰的程度明显降低，痛苦程度也显著降低。此外，实验组患者在生活质量、身体功能、情绪调节和活动参与方面也表现出显著的改善。McCracken 等人（2013）研究了 73 名慢性疼痛患者，并将他们随机分配到 ACT 或常规治疗组。研究结果表明，接受 ACT 治疗的慢性疼痛患者在治疗后明显改善了抑郁情绪和残疾程度，并且对疼痛的接受能力更高。

总之，ACT 是一种心理治疗方法，可以帮助参与者接受内在体验并采取积极行动。它强调价值导向行为、注意力和接受技能，以帮助人们改善心理健康和应对困境。ACT 注重培养心理弹性，促进人们在面对困难和负面情绪时的灵活性和适应能力。同时，ACT 也强调个人对内在痛苦和困扰的接纳，以及与自身价值和目标保持一致的行动。通过观察自我、培养自我发现和灵活性，ACT 帮助人们培养意识和接受自己的内在体验，并以一种积极的方式应对生活的挑战。研究表明，接受 ACT 治疗的个体在情绪管理、疼痛干预和心理健康方面取得了显著的改善。

四、正念自我同情训练

正念自我同情训练（Mindful Self-Compassion, MSC）是一种基于正念的自我关怀训练程序。MSC 最早是由克里斯汀·内夫（Kristin Neff）和克里斯托弗·杰纳（Christopher Germer）于2009年共同提出的。MSC是一种结合正念和自我同情的训练方法，培养人们对自己的友善、关怀和接纳态度，减少自我批评和苛责。同时，它也可以帮助人们培养自我关爱的能力，以应对内在的困扰和情绪问题。

MSC 的核心原理

MSC的核心原理是结合正念和自我同情的实践，培养对自身的友善、关怀和接纳态度。正念是MSC最重要的核心原理之一。通过正念练习，人们会逐渐学会以客观的视角观察自己的内在体验，避免陷入自我批评和判断。

MSC强调自我同情。自我同情包括温柔地对待自己，接纳内在体验，非判断性观察和共情。温柔地对待自己是鼓励人们以温柔、关怀和宽容的态度对待自己，就像对待身边受苦的朋友一样。同时，温柔对待自己的人也会理解和同情自身的困境、失败、痛苦或痛苦的情绪。为了实现接纳内在体验，参与者需要学会接纳和承认自己的内在体验，包括情绪、思维和身体感受，而不是试图抵抗或否定这些内在体验。也就是说，参与者要以开放的心态接纳它们的存在，认识到它们是人类经历的普遍部分。此外，自我同情帮助人们以非判断性的方式观察自己。人们要学会避免对自己的评判、批评和责备，并以客观的态度观察自己的思维、情绪和行为。这种观察有助于人们认识到自己是一个有缺陷的人，但也值得接受和爱。同时，自我同情还涉及共情和共通性的意识。人们需要意识到自己的痛苦和困境是普遍存在的，和其他人有共通之处。这可以帮助人们减少自我孤立感和孤独感，并建立起与他人的联系和共情。通过自我同情的实践，人们能够对自己的困境和情绪给予理解和慈悲，取代自我批评和苛责。

MSC 的练习内容

MSC 的课程通常持续 8 周，每周进行一次课程，每次约 2 至 2.5 小时。课程内容包括正念练习、情绪调节、自我同情的培养和情感表达。正念冥想是 MSC 的核心练习之一。参与者通过专注于呼吸、身体感受或周围环境等，培养对当下体验的觉察和接纳。这种冥想练习帮助他们培养正念和自我同情的能力，减少被情绪和思维困扰的倾向。

MSC 课程中，部分内容会教授参与者如何更好地管理和调节情绪。例如三步情绪调节法。参与者首先需要意识到当前的情绪，识别并接纳它的存在。然后，通过探索情绪的触发因素和背后的需求，参与者可以增加对情绪的理解。最后，参与者要采取积极的自我关怀行动来满足情绪的需求，例如安慰自己、提供相应支持或改变情绪触发因素等。

情绪调节冥想也可以帮助参与者学习情绪调节，通过正念冥想的方式，引导参与者直接面对和接纳当前的情绪。在过程中，参与者被鼓励观察情绪的体验，而不是改变或抗拒它们。通过培养观察情绪的能力，参与者可以减少对情绪的反应性，增加对情绪的接纳和自我同情。

一些常见的情绪调节策略也会应用到 MSC 课程中，例如深呼吸、放松练习、身体运动、创造力表达、寻求社会支持等。这些策略旨在帮助参与者在情绪激发时寻找平衡和舒适，以及降低情绪的强度，缩短持续时间。

MSC 中也包括自我同情冥想这种专门针对自我同情的冥想练习。参与者被引导去观察自己的困境、痛苦或挑战，并以友善、温柔和慈悲的态度对待自己。这种冥想练习有助于培养自我同情的心态，减少自我批评和苛责。

自我同情写作也可以帮助参与者更好地练习自我同情。在练习中，参与者被鼓励以书面形式表达对自己的友善和理解。参与者通常都需要写一封给自己的信，表达对自己在困境中的支持和慈悲。这种写作练习有助于培养自我同情的态度，并加深对自身经历的理解和接纳。

在 MSC 课程中，小组讨论也是不可或缺的部分。通过分享自己经历和感受，并聆听他人的，参与者可以从他人的经验中获得支持和理解。通过这种互动，参与者可以更好地学会情感的表达和建立共情，参与者可以从他人的经验中获得支持和理解。

MSC 的作用

MSC 可以增强参与者的自我同情。通过正念和自我同情的练习，参与者可以减少自我批评、自我怀疑和苛责，转而以慈悲和关怀的态度对待自己。这种自我同情的态度可以带来情感上的安慰和满足，减轻自身的痛苦和加强幸福感。例如 Neff 和 Germer（2013）研究采用了随机对照实验的设计，将参与者分为 MSC 课程组和控制组。MSC 课程组接受了为期 8 周的 MSC 培训,包括正念和自我同情练习,而控制组没有接受任何干预。研究结果显示,相较于控制组,接受 MSC 培训的参与者在自我同情、心理灵活性、幸福感和减少抑郁症状方面表现出显著的改善。此外,MSC 课程组的参与者也报告了更高的自尊和更低的自我批评水平。此外,Crandall 等人(2022)研究了 MSC 的 8 周培训对肾脏科护士自我慈悲、倦怠和复原力水平的影响,共有十二名护士参加。调查在培训前、培训后立即和培训后三个月完成,还进行了焦点小组讨论。研究结果表明,经过 MSC 培训后的护士提高了自我同情水平,降低了倦怠程度。

MSC 课程会教授参与者一系列情绪调节技巧,帮助其减少情绪困扰和负面情绪反应。这种情绪调节能力可以帮助参与者更好地应对压力、减少负面情绪,提高情绪的稳定性和灵活性。例如 Eriksson 等人(2018)的研究,检验为期 6 周的基于网络的正念自我同情计划对一组执业心理学家的压力和倦怠症状等方面的影响。结果表明,该训练计划能有效地增加自我同情和减少自我冷漠,减轻压力和倦怠症状,并为区分自我同情和自我冷漠提供支持。

MSC 的练习有助于培养参与者的心理弹性和自我调节能力,从而提高他们的心理健康水平。例如 Bluth 等人(2023)的研究,由两名专业的讲师在 Zoom 平台上通过八节 1.5 小时的课程对跨性别或性别开放的年轻人实施。调查在干预前、干预后和 3 个月后进行。结果表明,从干预前到干预后,年轻人的心理健康得到了改善。

综上，MSC 是一种结合正念和自我同情的练习，以培养对自己经历的亲切和非评判性的意识。它包括发展自我同情的技能，也就是需要人们以仁慈、理解和接受的态度回应自己的痛苦。MSC 可以帮助人们增强情绪福祉和适应力，促进与自己和他人建立富有同情心的关系。通过培养自我关怀和提升自我接纳度，MSC 让人们改善情绪调节、减少自我批评，并建立更加宽容和有益的内在对话。这种练习有助于培养自我关怀、建立内在稳定感，并在面对困难和挑战时培养更有弹性和积极的心态。最终，MSC 通过培养慈悲和自我怜悯的态度，帮助个体建立积极的情感关系，减少负面情绪，促进心理健康和幸福感的提升。

五、基于网络的正念训练

基于网络的正念训练是一种适应现代生活方式的正念实践方法，也是当今快节奏生活中应对压力和促进身心健康的一种有益方式。人们可以通过在线平台来学习正念课程和接受专业的指导，参与者能够灵活地选择时间和地点进行训练。这种形式的正念训练结合了科技和正念实践，为广大人群提供了方便、灵活和可访问的途径来培养正念。

现有的基于网络的正念训练强调培养参与者的正念意识，也就是需要参与者在进行正念时需要有意识地并且非判断性地将注意力带回当前的体验。通过练习正念冥想和日常生活中的正念技巧，参与者会逐渐学会观察和接受当前的身体感知、情绪和思维，减少对自我情绪和体验进行过度反应或判断。

非评判性觉察也是基于网络的正念训练中不可或缺的一部分。非评判性觉察需要参与者以开放和无偏见的态度观察内在和外在的经验。参与者需要学会在接纳和无条件接纳的基础上观察自己的体验，而不是评判、抵抗或逃避。这种非评判性的觉察可以帮助参与者减少情绪困扰和自我批评。

这些训练提倡培养人们的专注和集中注意力的能力。通过正念冥想和其他正念练习，参与者可以增强对当前经验的注意力，并减少分散和自动化的思维模式。这种专注和集中的注意力有助于提高工作记忆、注意力控制和情绪调节能力。

自我关怀和慈悲心也是基于网络的正念训练的核心原理之一。参与者需要学会对自己和他人持有善意、关怀和宽容的态度。这种自我关怀和慈悲心的态度有助于缓解自我批评和压力，并促进心理健康和良好的人际关系。

此外，基于网络的正念训练希望参与者学会应对压力和相应的面对压力的策略。通过正念练习，参与者可以培养觉察并改变负性思维模式，增强情绪调节能力，提高应对压力的灵活性和适应性。这种积极应对压力的能力能够帮助参与者减少焦虑、抑郁和身心健康问题。

基于网络的正念训练的内容

首先，短期的基于网络的正念训练是通过在线平台给人们提供广泛的学习资源，例如在线课程、教材和视频教学等。这些课程通常由经验丰富的正念导师或专业人士设计和提供。课程内容包括正念冥想练习、呼吸技巧、身体感知、情绪调节和应对压力的策略等。参与者可以灵活地选择时间和地点学习正念的理论知识和实践技巧。

其次，基于网络的正念训练会提供冥想练习的指导和音频，来帮助参与者更好地练习正念。冥想是正念训练的核心，冥想中的人们需要将注意力集中在当前的身体感受、思绪和情绪上。通过练习冥想，人们可以培养更好的觉察和接纳自我的能力。在线平台提供的冥想音频会引导参与者逐步放松身心，进入冥想状态。同时，在线平台也会提供专业的指导来帮助参与者更好地应对冥想中可能出现的困难和障碍。

再次，基于网络的正念训练一般都会提供专门的讨论论坛和社群。参与者可以在这些地方发帖子、提问题、分享经验和观点。同时，分享正念练习相关的学习资源、书籍、相关研究等在论坛中也是十分常见的。此外，在论坛和社群中也会有专业的指导老师。指导老师一般都会分享自己的经验，积极回答问题，并且提供相应的专业指导和建议。

最后，基于网络的正念训练提供了个性化的反馈和评估机制。在线平台可以跟踪参与者的学习进展和实践情况，并提供相应的反馈和建议。同时，一些短期的基于网络的正念训练也会提供自我评估工具，包括正念量表、压力评估问卷、情绪量表等。参与者可以通过这些工具对自己的正念水平进行客观评估，了解相应需要改进的方面。除了这种个性化反馈，参与者还可以在相关的论坛中交流和分享自己目前的情况，与他人进行互动反馈。

基于网络的正念训练的优势

短期的基于网络的正念训练可以通过在线平台进行，所以有着较高的灵活性和便利性。参与者可以根据自己的时间安排选择合适的训练时段。同时，在线平台通常提供录制的课程内容，参与者可以根据自己的日程自由选择合适的时间进行学习和实践，无须受到固定的上课时间的限制。此外，参与者可以在任何地点进行训练，只需拥有可连接互联网的设备，如电脑、手机或平板电脑。无论是在家中、办公室、地铁里还是旅行途中，参与者都可以随时随地进入在线平台进行训练。这种地点的自由性使得参与者不再受限于特定的地点和场所，提供了更大的便利性。这使得基于网络的正念训练可以适应不同人群的需求，让他们免于工作、学习和家庭等方面的时间约束。

在线平台可以提供个性化的正念训练，根据参与者的需求和进展程度进行调整。参与者可以根据自己的实际情况选择不同的课程、练习和教材，来满足自己的特定需求。这种个性化定制的特点使得训练更加贴近参与者的实际情况和兴趣，提供更有效的学习体验。同时，训练过程中，参与者可以使用记录和反馈工具来量化和跟踪自己的进展，从而更好地了解自己的实践效果。

参与者在短期的基于网络的正念训练中有着较高匿名性，其个人隐私可以得到保护。在线平台通常采取严格的安全措施来保护参与者的个人数据和隐私，其中包括使用安全的数据传输和存储技术，以确保参与者的个人信息不会被未经授权地访问或泄露。用户的数据在在线平台也会受到法律和规定的约束，来确保个人数据的合法使用和保护。

参与者在基于网络的正念训练中具有更大的自主性和自我管理能力。他们可以根据自己的节奏和需求来安排训练，选择适合自己的练习和教材，并且自己决定参与的频率和持续时间。因为在线平台通常提供课程内容的录像或存档，参与者可以随时重温和回顾之前的学习内容，根据需要多次学习和复习来巩固和深化对正念训练的理解和实践。同时，参与者可以在平台上选择匿名或昵称来注册和参与训练，从而不会透露真实身份。这种匿名性可以减少参与者的担忧和压力，让他们更加自由地分享和讨论个人经验和感受，而不用担心被他人知晓。此外，在线平台通常会确保参与者的讨论和交流内容在私密的环境中进行。也就是说，参与者会在一个受保护的空间中分享和交流信息，而不用担心被他人知晓。这种隐私保护的环境为参与者提供了舒适和安全的氛围，促进了更开放和诚实的交流。

基于网络的正念训练在帮助参与者提高身心健康和减轻压力方面具有显著的效果。例如 Huberty 等人（2019）的研究将88名参与者随机分配到正念组和控制组，正念组参与者利用 8 周正念冥想移动应用程序 Calm 进行正念训练。研究结果表明，干预组的大多数参与者表示 Calm 有助于减轻压力，并表示他们将来会继续使用 Calm。此外，Boettcher 等人（2014）的研究采用了随机对照实验的设计，将91名被诊断患有焦虑症的参与者随机分配到正念治疗组或在线讨论论坛对照组。在研究中，正念治疗组可以访问提供正念项目的在线网站，并且每周6天都需要练习正念项目。研究结果显示，正念治疗组对治疗焦虑症患者具有积极的效果。接受在线正念项目实验组的参与者在训练后报告了更低的焦虑和抑郁水平以及更好的睡眠质量。

总的来说，短期的基于网络的正念训练是在当今快节奏的生活方式下适合大多数人练习正念的一种方式。它的灵活性和方便性让人们无论在哪里且无论何时都可以开启正念训练，同时个性化的正念课程设置也能让参与者根据自己的需求来最大化正念训练的效率。同时，较高的互动性和私密性也能让参与者自由地分享信息，与那些志同道合的人进行互动并得到他们的支持。除此之外，短期的基于网络的正念训练也可以帮助参与者减轻压力，提高身体和心理的健康水平。

正念训练的管理实践者

一、史蒂夫·乔布斯

史蒂夫·乔布斯（Steve Jobs）是一位著名的企业家、管理实践者和科技创新巨头，他以在苹果公司展现出的卓越领导力和独一无二的设计理念闻名于世。乔布斯的成功因他的创造力和商业洞察力被人熟知，但他也是一个推崇正念的实践者。正念训练促使人们全神贯注地感受当前的瞬间，专注于接受自己当下的感受和体验，尽量摒弃对过去或未来的担忧和困扰。这种实践是对个人专注力、决策能力和情绪管理能力的提高和进化，它们也是管理实践者在工作中极其重要的几个技能。由于正念的启发，乔布斯开始将这种实践融入自己的管理哲学和领导风格中。正念训练对于乔布斯在管理实践和个人能力的成长与完善方面产生了深远的影响。

乔布斯对正念的理解很大程度上受他的印度之行的影响。20世纪70年代中期，乔布斯渴望寻求内心的平静以及全新灵感，于是前往印度寻求冥想和精神修行的方法。在那里，他遇到了一位叫作尼姆·卡罗列·巴巴（Neem Karoli Baba）的年长智者，他给了乔布斯对于正念的概念和实践方法的初印象。正念的原则在乔布斯之于苹果公司的领导方式中处处有所体现。他非常注重细节，在产品的设计和用户体验上追求精益求精。他坚持要在每一个细微之处都呈现出完美和优雅，也坚信这是一个成功产品的必要条件。这就需要对当下的细节进行全神贯注的关注，而正念正可以驱使人们变得专注。通过正念，乔布斯善于将自己的思维聚焦在眼前的任务和问题上，这种专注的态度使他在产品创新和市场竞争中取得了巨大成功。

乔布斯还将正念的原则应用于管理员工团队合作和产品创新创造过程中。首先，乔布斯鼓励苹果公司的员工进行正念训练。苹果公司内部设有面向员工的冥想课程，为了提高课程效率，他还聘请了正念教练来指导员工如何在工作中保持专注和平静。乔布斯相信正念可以提高员工的创造力和工作效率，并帮助他们应对压力和挑战，从而促进员工的个人成长和幸福感提升。他坚信这对于公司的成功至关重要。其次，他鼓励员工在工作中保持专注力和创造力，并为员工提供了一个能自由挥洒灵感和创新的工作环境。他倡导团队成员通过正念的训练来减轻压力和焦虑，以更好地应对挑战和解决问题。乔布斯相信，只有团队成员能够全神贯注地投入工作中，才能实现最好的成果。然而，这并不意味着正念实践帮助乔布斯成为了一个完美的领导者。他强烈的个性和苛刻的要求使得他在与他人合作和管理团队方面遇到了障碍。尽管他的独断的领导风格被一些人赞赏，但他也因为缺乏耐心和缺乏让步的性格招致员工或合作伙伴的不满。正念训练并不能完全去除乔布斯个人的缺点，但帮助他更加敏锐地认识到自己的情绪和行为中的不足，并加以改善，使自己成长。

　　乔布斯的正念实践不仅对他的管理实践提供了帮助，也对他的创新思维和产品设计产生了深远的影响。苹果公司在他的领导下，推出了一系列具有革命性、收获了无数忠实客户的产品，如iPod、iPhone 和 iPad。这些产品的成功部分归功于乔布斯对用户体验的执着追求，而正念训练在其中扮演了关键角色。正念训练强调专注力和意识能力的提高，这使得乔布斯能够更加敏锐地洞察用户的需求和期望。他经常与用户近距离接触，并倾听他们的反馈和意见。通过正念实践，乔布斯能够将自己完全融入用户的角色中，深入体验他们的感受和需求。这种敏锐的觉察力使他能够设计出更加符合用户期望的产品，并为用户带来无与伦比的体验。

此外，在个人生活中，乔布斯也是正念的坚定践行者。据报道，他经常参加禅修营和冥想研讨会，以保持内心的平静和坚定，也通过冥想来反思自己的行为和决策，以及激发自己的创造力、灵感和直觉。正念训练使乔布斯能够更加深入地了解自己的内心和意识，并将这种觉察融入生活和工作中，使其在工作中能做出更正确的决定。乔布斯对正念的推崇也体现在他的演讲和公开场合中。他以一种沉静而专注的方式呈现他的想法和愿景，吸引了全球的注意。他能够在舞台上展现出一种全然的存在感，将自己的思维和情感完全专注地投入到演讲中，与听众建立真正的连接。这种全神贯注的表现力使他的演讲充满魅力和感染力，影响了无数人的思维和激励了他们追求自己的梦想。乔布斯的人生并非一帆风顺。在他的职业生涯中，苹果公司经历了无数的起起伏伏，同时他还面临个人健康的挑战以及领导风格上的争议。但正念训练给予了他面对这些挑战的坚定和平静。他通过正念训练学会了接受现实、保持乐观，并寻找自己内心的平静。这种内在的平衡和觉察使他能够在逆境中保持冷静和坚定，继续前行。

总而言之，乔布斯是一个推崇正念并取得成功的管理实践者。正念训练深深影响了他的领导哲学和个人生活。正念使他更加专注、更具有创造力，并助力他在苹果公司取得了辉煌的成就。尽管他并非完美无缺,但正念训练为他提供了一个反思的方法,并帮助他思考出一个改善和成长的框架,在更加深入认识自己的过程中提高了自我管理能力。乔布斯的故事向我们展示了正念训练如何在管理实践和个人成长中发挥重要作用。它不仅可以帮助管理实践者更好地应对挑战和压力,还可以提升创造力和专注力,促进团队合作和创新。正念实践需要长时间的坚持,但它能够带来巨大的回报,使个人和组织在竞争激烈的商业环境中脱颖而出。乔布斯是一个杰出的管理实践者和推崇正念的倡导者,他的故事为我们树立了一个榜样,激励我们实践正念追求内心的平静和个人的成长。

二、萨提亚·纳德拉

萨提亚·纳德拉(Satya Nadella)是微软公司的首席执行官,他以积极推崇和实践正念训练而广为人知。纳德拉的正念实践对于他的领导风格、创新能力和个人成长都产生了深远的影响。纳德拉正念之旅的开始很大一部分源自他个人所面临的挑战和变故。在他成为微软首席执行官之前,处在一个非常艰难的境地,他的长子刚出生就不幸患上了脑瘫这一严重疾病,这一事件对他产生了深远的影响。他开始寻找内心的平静和力量,以抚慰自己被突如其来的不幸重创的心灵,并通过冥想和正念实践找到了答案。这让他在个人和职业生活中发生了转变,并开始将正念融入自己的管理实践中。

作为微软首席执行官,纳德拉在领导风格和文化建设中践行正念。纳德拉将正念视为有效领导力的关键要素，强调领导者需要具备同理心和稳定情绪及觉察力，以更好地与员工沟通和合作。通过正念的实践，他培养了自己的情商和觉察力，能更好地理解和关心员工的需求和挑战。正念让纳德拉看重建立信任和共享，鼓励员工发挥潜力，为组织的成功和个人的成长创造有利条件。他注重员工的心理健康和幸福感，并坚信正念的实践是实现这一目标的重要手段。他同样认识到员工的专注力和稳定的情绪管理对于他们工作的质量和创造力至关重要。因此，他鼓励员工在工作中尝试正念以保持专注和平静，并为此通过微软公司的内部培训和资源推广正念实践。他提倡员工参与正念培训和冥想练习，并提供相应的支持和资源。他希望通过这种方式营造一个积极、健康和高效的工作环境，激发员工的潜能和创造力。纳德拉相信正念可以激发员工的创新精神和创造力。他倡导员工在工作中保持正念的心态，维持开放的思维和觉察力，以找到新的机会和解决困难的方案。他指出，通过正念实践，员工可以更好地理解自己和他人，推行以合作和创新为根本的文化。正念被他视为一种创新的驱动力，能够帮助微软应对不断变化的技术革新和商业挑战。同时，纳德拉的正念实践也对微软的文化和价值观产生了正面影响，使得微软在他的领导下焕发出崭新的面貌，充满活力和创新力。他对正念的推行为员工提供了更好的工作体验，也带来了明显的进步，帮助他们更好地应对工作中的挑战和压力，促进了团队的合作和创新。

纳德拉对正念训练的实践和推崇不仅体现在他的领导风格和

组织文化中,在他的决策和战略规划中也有体现。作为微软的首席执行官,在快速变化和竞争激烈的技术行业中,纳德拉需要清晰地抓住变化的关键,并且让自己快速适应环境,而正念实践为他提供了独特的洞察和决策能力以及适应力。正念实践也培养了纳德拉的反思能力,使他能够从更广阔的视角看待问题和挑战。在正念的帮助下,他意识到技术发展的快速变化和不确定性,并由此推动微软转变为一个更加灵活和具备创新性的组织。纳德拉鼓励员工不断学习和适应,以应对不断变化的市场需求和竞争压力。他强调创新的重要性,并通过正念实践激发团队的创造力和解决问题的能力。正念实践帮助纳德拉应对行业带来的挑战和压力,并保持积极的心态和决策能力。在技术行业的高速发展和竞争环境中,纳德拉面临巨大的压力与每时每刻的复杂和艰难的决策。他通过正念训练保持内心的平静和思路清晰,减少了冲动和情绪的影响。这使得他能够做出明智且正面、影响长远的决策,并引领微软取得了一系列成功的战略转型和业务发展。

纳德拉在公开演讲和谈话中经常提及正念对于自己的帮助和重要性。他乐于分享自己的正念实践经验,并鼓励员工和他人尝试正念实践。他认为正念训练对于个人成长和职业发展有很重要的影响,它可以帮助个人更好地应对挑战和压力,并提高自我意识和稳定情绪。他的演讲对正念的介绍十分引人入胜,正念带来的神奇效果深深地吸引着他的听众去尝试正念训练,有着广泛的社会影响。他积极参与正念和心理健康领域的活动和讨论,鼓励人们关注自己的内心和情绪状态。他强调正念对于个人的幸福和生活质量的重要性，并呼吁社会提供更多支持和资源来提升心理健康。纳德拉的声音在社会产生了深远的影响，吸引着人们重新思考和重视心灵的平衡和健康。

纳德拉作为正念训练的管理实践者，通过推崇和实践正念，正向改变了微软公司的管理风格和文化。他以平静和开放的态度引领着团队，激发团队创造力，实现了个人和组织的成功。他的故事向我们展示了正念训练如何在管理实践中发挥重要作用，促进个人成长和组织发展。

三、马克·扎克伯格

马克·扎克伯格（Mark Zuckerberg）是著名的企业家和脸书的创始人之一。他以独特的管理方针和领导风格吸引了大量的关注和讨论，其在正念训练方面的关注和兴趣对此有深远的影响。

扎克伯格在职业生涯中时刻面临着大量竞争者带来的压力和行业更新带来的挑战。作为一家全球知名的科技公司的创始人和首席执行官，他必须应对快速变化的技术行业、巨大体量公司的运营管理，以及对公众对于脸书这个产品的隐私保护和数据安全方面的重视和关切。在这些压力下，正念训练对扎克伯格能平静地面对困难，高效地解决问题有相当大的帮助。扎克伯格在自己的社交媒体平台上分享过他的冥想实践经历。他提到，冥想对他个人的内心平衡和心理健康有着积极的影响。通过冥想，他学会了更好地认识、观察和接纳自己的情绪和思维，以更好地管理自己的情绪，使其保持稳定。这种自我觉察的能力帮助他更好地应对压力和困难，并在复杂决策中保持清醒和客观。

扎克伯格还在脸书内部向员工推广正念训练。他相信，正念训练可以帮助员工提高工作时的专注力和产生新灵感的创造力，促进个人成长，提升团队合作和工作效率。因此，他鼓励员工参与正念培训和冥想练习，并提供相关的资源和支持。他希望通过正念实践营造一个有利于创新和高效工作的文化。同时他还关注员工的心理健康和幸福感，扎克伯格的正念实践让他更关注和支持员工。他鼓励员工参与正念培训和心理健康计划，并提供灵活的工作安排和福利措施，以促进员工的工作满意度提升和生活平衡。

为了进一步了解和运用正念训练，扎克伯格还与一些知名的冥想和正念领军人物进行交流。他与冥想大师释一行（Thich Nhat Hanh）和乔·卡巴金（Jon Kabat-Zinn）进行过交流，他们的正念教导对他产生了很深的影响。这使他更加深入地理解正念的核心理念，并将其融入自己的生活和工作中。这对他个人的价值观和慈善事业产生了正面影响。他和他的妻子普莉希拉（Priscilla）成立了"扎克伯格－陈计划"（Chan Zuckerberg Initiative）基金，致力于推动科学研究、教育和社区发展。这个慈善基金关注社会个体的未来成长、发展和社会的整体幸福。此外，扎克伯格还与一些心理学家合作深化对正念的理解，并将其应用到产品设计和用户体验中。他意识到脸书作为一个全球性的社交媒体平台，对用户的情绪和心理健康有着重要影响。因此，他致力于创建积极、有益和有意义的用户体验，通过正念实践来减少虚假信息、仇恨言论和负面影响。这也是践行正念让他逐渐拥有的社会责任感。

总结一下，扎克伯格不断尝试将正念融入自己的职业生涯和领导方式的努力，展示了正念在企业管理中的重要性。他的经验鼓励着其他企业管理者和领导者思考如何将正念原则应用到自己的工作中，以让自己的管理变得更有效率。尽管扎克伯格的正念实践并没有成为他管理实践的核心，但在他个人的生活和工作中扮演了重要的角色。他意识到内心的平衡和心理健康对于应对压力和挑战的重要性，并为此通过正念训练来提升自己的觉察力和决策能力。他的正念实践也体现在他推动正念在脸书内部的推广以及与冥想领导者的合作中。扎克伯格的故事向我们展示了正念训练在管理实践中提高领导者的自我觉察和决策能力的实用性和有效性，并能为组织的发展和员工的幸福做出贡献。

四、马云

马云的正念训练实践不仅仅停留在个人层面，他也致力于在阿里巴巴集团中推广正念文化，并将其融入组织的领导理念和员工培训中。马云相信，正念训练可以帮助员工更好地应对工作中的压力和挑战，提高工作效率和创造力。他意识到，如今的商业环境变化迅速，员工面临着巨大的压力和竞争。因此，他认为培养员工的强大心理是至关重要的，而正念训练可以成为实现这一目标的工具。

在阿里巴巴的内部培训中，马云鼓励员工参加正念冥想课程和工作坊。这些课程由专业的正念训练师提供，涵盖了正念的基本原理、冥想练习，以及在工作中应用正念的技巧。员工们可以学会如何在繁忙的工作中保持专注、平静和情绪稳定，以及如何通过正念的觉知来管理与同事和客户的互动。

此外，马云还在公司内部推动了一种正念的工作文化。他鼓励员工在工作中创造有意义的体验，并强调注重当下的工作任务，而不是过度担心未来的成果或过去的失败。他认为，通过正念的觉知，员工可以更好地投入到工作中，体验到工作的乐趣和成就感。

马云自己也是正念的践行者，经常在工作中运用正念的原理。他在重大决策前会静下心来，通过冥想和觉察自己的内心感受，辅助自己做出明智的决策。他相信正念训练可以帮助自己更好地理解自身的思维和情绪，从而在决策时更加明智和客观。

随着时间的推移，马云的正念实践在阿里巴巴集团中渐渐产生了影响。这种正念文化的营造使得团队更加和谐，员工之间的沟通更加开放，创新的氛围也得到了增强。

马云的正念训练实践故事不仅是一个个案，还是一个激励和鼓舞更多领导者和组织去关注员工的心理健康和综合素质发展的典范。通过正念的实践，马云希望能够在商业领域推动一种更加人性化、关注员工幸福感的管理方式。

　　正念训练的实践者们逐渐意识到，员工的心理健康和幸福感不仅对个人有益，对组织的长期发展也具有积极的影响。马云的故事为我们展示了正念训练可以如何融入商业领域，为领导者和员工提供更全面的成长和发展的路径。

第二章

职场中的个体正念

沐浴正念，享受生活

在现代社会快节奏的生活和工作中，人们常常感到缺乏激情，甚至时而感到悲观和消极。每天好像一个空转的发动机机械般重复着流水线一样的生活，让人们觉得生活乏味、空虚、毫无意义甚至生无可恋。随着生活和工作方式越发现代化，越来越多的职场人面临着严重的生理和心理问题。生活的方式变得不健康，比如缺乏运动，饮食不规律，长时间坐着和过度使用电子设备等不健康的习惯，这些很可能导致肥胖、高血压、糖尿病、心血管疾病等的发生和发展。除了身体健康问题，现代社会的高压生活和竞争压力也会对人们的精神健康造成负面影响。抑郁、焦虑和失眠等问题频频发生，居高不下。特别是在当今快速变化的环境和激烈竞争的压力下，每个人都面临着前所未有的挑战和压力。

基于此，改善和保持身心健康已经成为人们越来越关注的话题。积极采取健康高效的生活和工作方式变得至关重要。在这个领域，正念训练日益受到关注，并开始被应用于日常生活和工作中。

正念是一种以注重当下的注意力和意识，以接纳和观察内心与外界体验及感受为基础的态度。通过正念实践，人们可以更好地认识自己，减轻压力，改善情绪，提升幸福感。它可以帮助人们培养自我关注和自我接纳的能力，教会人们更好地管理压力，以减少焦虑和抑郁的发生。正念还可以提高人们对身体和情绪状态的觉察，帮助人们更好地照顾身体健康。通过正念冥想和深呼吸练习，强工作压力下的人也可以放松身心，改善睡眠质量，提高注意力和集中力。

面对快速变化的环境和激烈竞争的压力，我们要积极采取行动，关注身心健康，沐浴正念之光，重拾生活的激情，享受当下的美好。通过正念实践、健康的生活方式和积极寻求支持，改善身心健康，进而创造更加充实和有意义的生活。

一、正念与个体健康

正念旨在帮助个体以一种专注当下、不加评判的方式面对万事万物。它已经成为心理治疗和身体健康领域广泛研究和应用的治疗方法。通过正念实践，个体能够提升自我意识和认知调节的能力。员工通过练习正念，能够逐渐学会将注意力集中在当下，并不加主观评判地观察自己的思想、感受和身体感觉。这种专注的训练可以帮助员工更加敏锐地意识到内心和外界的体验。通过改善注意力和觉知力，正念影响员工对刺激物的选择，并改变员工对这些刺激物的评价或评判方式。这些改变往往是积极并且有效的。正念实践可以提高个体的自我意识，使其更有效地识别和管理压力。员工能从中学会以一种接纳和冷静的态度面对挑战和困境，降低了焦虑、抑郁和倦怠等发生的概率。

正念的实践不仅有助于个人的心理健康，还对身体健康有着积极的影响。当个体通过正念与自己的身体建立更紧密的联系时，他们能够更好地倾听身体的需求和信号，并采取积极的健康行为。

正念练习对改善生理健康具有显著的益处。例如，研究表明，正念冥想可以帮助降低血压，对那些患有高血压的人尤其有效。正念的专注和放松状态有助于减少紧张和焦虑，从而有利于对高血压等疾病的控制。此外，正念还可以缓解慢性疼痛。通过正念冥想，人们能够学会以一种非批判性的旁观的态度感受并接受疼痛的存在，从而减少对疼痛的情绪反应和痛苦感。正念可以帮助个体更好地接受对疼痛的感知，提高对疼痛的承受力，并通过集中注意力在当下，减轻疼痛的感觉。此外，正念练习对改善睡眠质量也有积极的影响。通过正念冥想，人们能够放松身心，缓解压力和焦虑，从而促进身体进入更有效、更舒适、更具有恢复性的睡眠状态。正念可以帮助人们在入睡前舒缓紧张情绪，提高对睡眠环境和身体感觉的觉察，进而改善睡眠质量和持续时间。不仅如此，正念还可以增强免疫系统功能。研究发现，正念冥想可以调节免疫系统的反应，增强机体对抗疾病的能力。正念通过减轻压力和焦虑，促进个体身心的平衡，进而对免疫系统产生积极的影响。

综上所述，正念的实践对个人的身心健康具有广泛的益处（图2.1）。正念练习可以帮助人们降低血压、缓解慢性疼痛、提高睡眠质量和增强免疫系统。

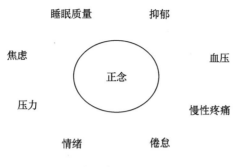

图2.1　正念对个体身心健康的影响

正念已成为一种广受欢迎的自我调节和管理的工具，旨在帮助人们提高生活质量和健康状况。它赋予个体更大的内在力量和能力，让他们在现代快节奏、高压力的生活中保持平衡和稳定。通过正念的实践，个体能够以更加宽容和开放的心态面对挑战，增强生活的意义和满足感。正念的光芒照亮了人们的生活，带来更深层次的身心健康和幸福。

研究前沿

通过正念的实践，个体能够提高自我意识和认知调节的能力，进而改善心理和生理健康问题，包括减少压力、焦虑、抑郁和倦怠等问题，以及提高身体素质。

二、现有研究的发现

已有大量研究发现，正念可以显著改善员工的消极情绪，增强积极情绪（Glomb et al., 2011; Good et al., 2016）。同时，正念也可以让个体加速从负面情绪中恢复过来（Keng，Robins，Smoski，Dagenbach & Leary，2013），进而改善员工情绪。正念训练降低员工的倦怠感已经得到较多研究的证实（Cohen-Katz，Wiley，Capuano，Baker & Shapiro，2005；庞娇艳，柏涌海，唐晓晨 & 罗劲，2010）。Mackenzie、Poulin 与 Seidman-Carlson（2006）发现正念训练干预降低了员工的职业倦怠感。张丽华等人（2015）发现正念减压疗法能显著降低员工的职业倦怠感。尤其是工作倦怠感中的"情绪耗竭"，许多研究都表明正念缓解了员工的情绪耗竭水平（Flook，Goldberg，Pinger，Bonus & Davidson，2013；Hülsheger，Alberts，Feinholdt & Lang，2013）。比如，Hülsheger 等人（2013）的日志研究和实验研究均表明，正念通过降低员工的表层扮演水平，降低了情绪耗竭水平。Goldin 和 Gross（2010）的研究采用了随机对照实验设计的方法，发现 MBSR 课程的参与者在应对情绪方面更加灵活和有效，并且更频繁地使用积极的情绪调节策略。

正念训练也可以减弱个体的压力感（Bazarko，Cate，Azocar & Kreitzer，2013；Chiesa & Serretti，2009；Nezlek，Holas，Rusanowska & Krejtz，2016；Shapiro，Brown & Biegel，2007；贺兰淼 & 李波，2015）。例如，Eatough（2015）指出，员工正念之所以可以缓解心理压力，是因为正念能够改变员工对于压力的感知和注意方式，促使员工以一种更加积极的方式应对，并改善员工的自我调节能力。实证上，De Jong、Hommes、Brouwers 和 Tomic（2013）通过实验研究发现，正念训练可以显著改善参与者的压力感。类似地，Sedaghat、Mohammadi、Alizadeh 和 Imani（2011）的实验结果表明，正念训练可以显著降低参与者的压力水平。Pipe 等人（2009）将33 名护士随机分配到四周正念干预课程（干预组）和领导力课程（控制组）中，发现相对于控制组，干预组的参与者的总体心理压力得到显著的缓解。Hülsheger 等人（2013）选取来自德国不同组织的工作人员并利用对照组与接受 MBCT 干预的实验组进行对比。研究结果表明，实验组的员工的工作压力水平下降，能够更好地改善压力管理。Carmody 和 Baer（2008）以174 位参与者作为样本并利用问卷调查和自我报告的测量来收集数据，研究发现参与 MBSR 课程的参与者感受到的压力明显减轻。

三、正念案例

小张是一位在 IT 行业工作的年轻人，他在职场上表现出色，但是最近开始经常感到焦虑、失眠，并且有时候会感到情绪低落。这些问题影响了他的正常工作和生活，于是他开始意识到需要寻求帮助。小张咨询了一位心理医生，医生建议他尝试正念训练。通过了解，小张知道正念是一种通过关注当下、不加判断的方式来减轻焦虑和改善睡眠质量的方法。

小张在最开始的练习过程中，主要是把注意力集中在呼吸上，而不是其他的无关琐事上。逐渐地，他学会了停止对自己的担忧和自我批评。之后，他开始注意到自己身体和心理感受，及周围的环境。在接受正念训练的过程中，小张发现自己越来越能够冷静地面对工作和生活中的挑战。他不再被自己的情绪所控制，而是学会了接受和处理它们。他的睡眠质量也得到了明显的提升，再也不需要花费很长时间才能入睡。

以下是小张在访谈中说的一些话：

"正念训练让我意识到我的思维是如此复杂，以至于我经常无法集中注意力。通过练习，我学会了如何停止对自己的担忧和自我批评，这让我更加冷静和自信。"

"以前我很难入睡，头脑总是充斥着各种想法。现在我可以通过冥想来放松自己，然后我就可以入睡了。我感觉更加轻松和放松。"

"正念帮助我更好地了解自己，我可以观察自己的思维和情绪，并不去评判它们。这让我更加平静和自在，也让我更好地与他人交往。"

"现在我已经掌握了一些技巧，可以在压力下保持冷静。我不再让自己的情绪和压力影响工作和生活，而是学会了以积极的心态面对它们。"

四、正念自我训练

正念训练是一种通过专注当下、不加评判地观察自己的思想、当下感受和身体感官的方法。它的目的是培养个体的自我意识和感知能力，以促进心理和身体向积极、健康的方向发展。正念自我训练的基本步骤如图 2.2 所示。

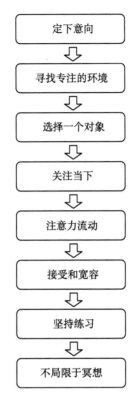

图2.2　正念自我训练的基本步骤

（1）定下意向：在开始正念训练之前，明确你的意向和目标。你可以问自己，为什么你希望进行正念训练，你希望从中获得什么益处。

（2）寻找专注的环境：选择一个宁静的环境，尽量避免干扰和噪声。可以找一个安静的房间或户外的自然环境来进行训练。

（3）选择一个对象：将注意力集中在一个特定的对象上，可以是呼吸、身体感觉、感官体验或任何其他你选择的焦点。呼吸是最常关注的对象，因为它在我们身体中始终存在。

（4）关注当下：将注意力集中在所选择的对象上，专注地观察它的细节和变化。不要对其评判或产生想法和念头，只是观察。

（5）注意力流动：当你的思绪开始漂移时，不要因走神责备自己，而是温和地将注意力带回所选择的对象上。思绪的漂移是正常的，关键是在意识到它发生后能平静地将思绪带回到当下所选择的对象上。

（6）接受和宽容：在正念训练中，接受和宽容是很重要的概念。不要对正念训练的体验进行评判或批判，只是客观、温和地观察并接受它们的存在。

（7）坚持练习：正念训练是一项技能，需要持续练习才能获得长期的益处。每天花费一些时间进行正念训练，并逐渐增加练习的时长。

（8）不局限于冥想：正念训练可以通过冥想进行，但它并不局限于冥想。你可以将正念带入日常生活中的各个方面，例如在工作时专注于当前的任务，或在与他人交往时全身心地聆听。

以下这些指导内容可以帮助你确立正念训练的主要方向和目标，在日常生活中随时随地进行正念训练，以保持身心健康，提高生活质量。

- 我现在只关注此时此刻的感受和想法。

这一训练方式强调将注意力集中在当前的经历上，而不是过去的不可得或未来的不可及。它提醒我们专注于当前的感觉、情绪和思绪，使我们更加客观、现实地与当下连接。这种专注于当下的训练有助于减少沉溺于过去的遗憾和未来的担忧，从而减少压力和焦虑。

- 我接受自己的当前情感，不论它们是积极的还是消极的。

这一指导内容鼓励我们以开放和接纳的态度对待自己的情感。无论情感是愉快的还是不快的，都可以被我们自己接受和理解。这样的觉知帮助我们避免对情感进行主观的评判或抗拒，而是以更加平和、客观和宽容的态度面对它们。

- 我注意自己的呼吸，让自己的呼吸变得更加深沉和自然。

这一指导内容侧重于将呼吸作为觉知的焦点，提醒我们将注意力集中在呼吸的感觉和流动上，以帮助我们保持当下的专注和放松。深呼吸可以缓解紧张和压力，使我们回到躯体本身。

- 我意识到自己身体的感觉，放松身体。

这一指导内容提醒我们关注身体的感觉和感知。我们可以通过觉察身体的姿势、紧张感、舒适或不适等来增强对身体的意识。通过放松身体，我们能够释放紧张和压力，进一步促进身心的平衡和健康。

- 我专注于我正在做的事情，不分心或受外界干扰。

这一指导内容敦促我们将精力集中在当前正在进行的活动上，避免分心或受到外界干扰的影响。这种专注和专心的态度有助于提高专注度、工作效率和创造力，同时也让我们能够更深入地投入所从事的事情中，帮我们培养对其的感知和体验。

- 我感恩自己和周围的人事物，珍惜每一个瞬间。

这一指导内容鼓励我们培养感恩的心态，学会欣赏身边的人和事，珍惜每一个瞬间的美好。感恩的心态能够培养积极的情绪和幸福感，提升工作的满足度和意义。

- 我放下不必要的担忧和焦虑，专注于当下。

这一指导内容提醒我们不要被不必要的担忧和焦虑所困扰，而是将注意力集中在当前的经历上。通过正念实践，我们能够培养觉察自己情绪和思维中产生的不必要的失落感的能力，从而更好地管理负面情绪，提高情绪稳定性。

- 我把注意力集中在感官体验上，享受当下的美好时刻。

这一指导内容鼓励我们将注意力引导到感官体验上，学会更加细致地观察和感受身边与周围的事物，如触觉、听觉、味觉和视觉等。这样的体验能够帮助我们更深入地享受当前的美好和丰富感。

- 我对自己的感受和想法保持开放和好奇，不做评判或抗拒。

这一指导内容强调对内在体验的开放和好奇心态。我们学会觉察自己的感受和想法，而不进行评判或抗拒。这种接纳的态度有助于培养内在的觉知和增强心理的灵活性。

- 我关注自己的需求，照顾好自己的身体和心灵。

这一指导内容提醒我们关注自身的需求，包括身体和心理上的需求。通过正念，我们学会更好地照顾自己的身心健康，采取积极的自我关怀行为，从而提高整体的生活质量。

通过将这些指导内容融入日常生活，我们能够培养正念的习惯，以专注、开放和接纳的态度面对各种情境。正念训练可以帮助我们减少压力和焦虑，提高情绪的稳定性，增强自我意识和认知调节的能力，从而达到身心健康的目标，提升生活的质量。

感受正念，安抚情绪

工作场所是大多数人每天必须面对的环境之一。每个人都有自己的工作任务与目标，而许多员工在工作中经常感到压力和不满，这种负面情绪会极大地影响他们在职场中的生产力和工作质量。一些员工感到自己的工作被低估，或者认为自己没有得到应有的回报。还有一些员工面临着来自同事、上级或客户的挑战和压力，这些挑战和压力会使他们变得不安和紧张。所有这些因素都会对员工的情绪产生负面影响，使他们难以充分发挥自己的潜力。可见，情绪不佳已然成为一个普遍现象，而过多的消极情绪会给员工和企业带来很多不良的影响。因此，员工情绪波动产生的问题需要引起更多关注，同时我们需要努力寻找解决办法。只有员工的情绪良好，才能够保证他们的工作效率和生产力，才能让企业在平稳发展的前提下不断创造出更大的价值。为了解决这一问题，我们可以进行正念训练的实践，以安抚员工情绪。

首先，对于正念训练来说，感受、体验正念的心态和观念是重要组成部分。它鼓励员工在面对负面情绪时，以一种开放、宽容和客观的方式去感受和接纳这些情绪。当员工能够以正念的态度面对自己的情绪时，他们就能够更好地理解情绪的本质，并学会与情绪相处而不被情绪所控制。正念训练还可以通过呼吸练习来帮助员工安抚情绪。通过专注于呼吸的感觉和流动，员工可以带回自己的注意力，并缓解紧张和不安。深呼吸可以激活身体本身的放松反应，减少身体的紧张感，同时也为员工提供了一个平静的内心空间来平衡情绪。此外，正念训练还鼓励员工在工作中创造有意义的间隙。通过在定期的工作间隙休息和放松活动中进行正念训练，员工可以调整自己的情绪状态而不被情绪左右，恢复精力和专注力。这些正念训练可以包括短暂的冥想、伸展运动、深呼吸或走动等，以帮助员工放松身心，减轻工作压力。

通过感受正念来安抚情绪，员工可以更好地管理自己的情绪状态，增强情绪的稳定性和积极性。这种正念的实践不仅有助于个体的心理健康，还能够提升员工的工作表现和未来职业发展。因此，将正念训练引入工作环境，为员工提供情绪管理的工具和技巧，将有助于创造一个积极、健康和高效的工作环境。

一、正念与个体情绪

正念与情绪之间存在着密切的关系。正念是一种专注于当下的意识状态，它帮助我们以客观的方式观察和接纳当前的内在体验，包括情绪。通过正念，个体能够更加敏锐地察觉自己的情绪，并更好地理解和接受它们。正念鼓励以开放和无偏见的态度对待情绪，而不是试图压抑或逃避它们。当以正念的态度面对情绪时，我们能够更加深入地观察情绪的起伏、变化和特征，而不被情绪所控制。不仅如此，正念还能帮助个体意识到情绪与身体的相互作用。情绪往往伴随着身体的感受和反应，例如紧张的肌肉、加速的心跳或浅表的呼吸等。通过正念，我们可以更加细致地觉察和感受这些身体的反应，并从中获得关于情绪的洞察力。正念还能够改善个体对情绪的反应和调节能力。当以正念的态度观察情绪时，个体能够培养出一种觉察情绪而不被情绪所控制的能力。这种觉察使个体能够学会更加冷静和理性地应对情绪，而不是被情绪冲动所驱使。通过正念的训练，我们可以学会在情绪激动时停下来、观察自己的情绪，并做出更明智的选择和反应。正念与情绪的关系是相辅相成的。通过正念，个体能够更好地觉察、理解和接纳自己的情绪，从而培养出一种觉察情绪而不被情绪所控制的能力。这种能力对于促进心理健康、提升情绪稳定性和增强内心平静非常重要。

正念作为一种专注当下的、非判断性的意识状态，可以帮助员工更加深入地了解和接纳自己的内在体验，增强自我意识。当员工有意识地观察自己的感受、思维和情绪时，可以更好地认识自己，从而增强自我意识。这种意识状态可以让个体获得更加积极的情绪体验，如愉快、乐观。同时，正念也鼓励人们慢速思维，即让人们放慢思维的节奏。当处于慢速思维时，人们可以避免对负面情绪的即刻自动反应和判断，以更加接纳和容忍当前的情境。这种减少自动反应的能力能够使人更好地处理压力、困难和负面情绪，从而减少负面情绪对积极情绪的干扰。此外，正念可以减轻压力和焦虑等众多消极情绪。通过观察呼吸、身体感受和情绪体验，个体可以更加深入地了解自己的内在状态，并且学会以一种更加平静、不偏不倚的方式面对这些体验。这样可以让个体更加从容、自信地应对生活中的压力和焦虑。正念训练使员工意识到情绪的短暂性和变化性，不将情绪过度扩大或进行负面评判，从而减轻情绪带来的困扰。通过改善个体的情绪调节能力，正念可以帮助员工在有意识地观察自己的情绪时，更加清晰地认识情绪的本质和影响，更加珍惜和欣赏生活中的美好之处，从而更好地控制和调节情绪。

正念的练习能帮助员工培养情绪自我调节的技巧。通过正念，员工可以学会观察自己的情绪而不被其所控制，从而能更加冷静和理智地面对工作和生活中的困难和挑战。这种情绪自我调节的能力能够帮助员工更好地处理工作中的压力和挫折，使其情绪不影响在工作中做出一些重大决定时的思考过程，同时也能够减少情绪波动对工作质量和人际关系的负面影响。通过在工作休息间隙反复地练习正念，员工可以更加熟练地掌握调节自我情绪的技巧，让自己从容、平静地面对生活中的情绪变化。正念训练能够帮助员工培养内在的觉察和反应能力，使他们能够更加敏锐地察觉情绪的起伏，并采取适当的举措来处理和平衡情绪状态。这种情绪的自我管理能力不仅有助于保证个体的心理健康和幸福感，也为工作环境中和谐的合作氛围提供了良好的基础。

正念训练对于员工的情绪管理和个人发展具有重要的意义。它不仅帮助员工更好地了解自己的情绪，减轻负面情绪的影响，还培养了员工进行情绪自我调节的技巧，提升工作效率，促进职业发展。通过正念的实践，员工可以在职场中更加从容不迫地应对情绪波动，创造积极、健康的工作环境，为个体和组织带来福祉、效益和成功。

研究前沿

　　正念增加员工的自我意识，促使其更深入地了解自身的内在状态，学会以一种平静、开放的方式面对各种体验。由此，正念培养了员工的情绪调节能力，可以增强他们的积极情绪，舒缓负面情绪。

二、现有研究的发现

已有大量研究发现正念可以显著改善员工的消极情绪，增强积极情绪（Glomb et al., 2011; Good et al., 2016）。例如 Orzech 等人（2009）发现正念训练降低了参与者的焦虑程度，并可以提升主观幸福感。另外，根据 Prakash 等人（2017）的研究，正念增强的情绪调节能力可能是提升整体幸福感等有益效果的基础。通常而言，正念会改善员工的注意力和觉知力，从而影响他们对于刺激物的选择，并改变对这些刺激物的评价或评价方式。由此，员工更可能具备一种积极的情绪反应（Killingsworth & Gilbert, 2010; Wadlinger & Isaacowitz, 2011）。例如 Killingsworth &

Gilbert(2010)利用一个名为"Track Your Happiness(追踪你的幸福)"的手机应用程序来收集参与者的实时情感数据。研究结果显示，当参与者处于正念时，他们更有可能体验到积极的情绪。

同时，正念也可以让个体加速从负面情绪中恢复过来（Keng, Robins, Smoski, Dagenbach & Leary，2013），从而改善员工的情绪。例如，在 Cho 等人（2017）的研究中，正念被证实有助于个体更好地从负面情绪中恢复过来。

不仅如此，正念还可以帮助个体学会自我掌控，从而让情绪更加稳定。例如 Zhang 和 Zhang(2023)的研究表明，正念对情绪水平的干预期间，在防止失调和自我控制以及降低攻击性水平方面发挥了很大作用。正念干预可以通过多种途径间接影响攻击行为。总之，这种正念干预可以帮助个体减少情绪失调和攻击性，并提高个人的情绪稳定性和自我控制水平。此外，正念训练降低员工的倦怠感已经得到较多研究的证实（Cohen-Katz, Wiley, Capuano, Baker & Shapiro，2005；庞娇艳，柏涌海，唐晓晨 & 罗劲，2010）。Mackenzie、Poulin 与 Seidman-Carlson(2006)发现正念训练干预降低了员工的职业倦怠感。根据 Newton 等人（2020）的研究，正念对职业倦怠有缓解和避免的积极作用。Abenavoli 等人（2013）的研究中，64 名教育工作者完成了关于正念、倦怠、情感、睡眠相关障碍、日常身体症状、压力和野心的自我报告测量。来自横截面的数据表明，正念与关于倦怠的三个广泛研究的组成部分——

情绪疲惫、人格解体和个人成就感低下——具有强烈且一致的负相关关系。由此可以得出结论，正念对防止倦怠有巨大的作用，研究还提出，正念的保护作用在压力更大、雄心勃勃的教育工作者中最为明显。这项研究也进一步证明正念可以提高教育工作者的适应能力，并可以培养健康的教育工作者、课堂和学生。

三、正念的呼吸训练

正念的呼吸训练是一种简单而有效的正念练习，通过专注于呼吸，它可以帮助我们减轻负面情绪，并带来更多的积极情绪。

首先，为了进行正念的呼吸训练，需要找到一个安静的地方，尽量避免任何形式的干扰。你可以选择在地上、椅子上或坐垫上坐下，确保身体得到彻底的放松。保持一个良好且舒适的姿势很重要。你可以坐直，双脚平放在地上，双手自然地放在大腿上，放松肩膀和手臂。如果你选择坐在地上，可以交叉双腿，或者使用一个坐垫来增加舒适度和支撑。但是请注意，太过放松的姿势也可能会让你无法集中对当下的注意力。

现在，请开始关注你的呼吸。将你的注意力放在鼻子或者嘴巴上，感受气息的流动。不要试图控制你的呼吸，不要有意识地去改变它，只是简单地观察它。当你的意识开始游移时，不要过于自责或担忧，而是温和地将注意力重新集中到呼吸上。呼吸是一种自然的过程，让我们在当下的存在中寻找宁静和平衡。进行正念呼吸练习时，可以从短时间开始并逐渐增加。

接下来，请尝试让呼吸变得更深。当你吸气时，去感觉空气是如何流入鼻子或口腔，然后深入到肺部。当你呼气时，感受气息如何从肺部逐渐流出，然后呼出。尝试放慢呼吸的节奏，保持均匀的呼吸。在训练的过程中，可能会出现其他的想法或感觉干扰你的注意力。请不要对此类走神感到沮丧或气馁，而是继续专注地集中注意力。你可以尝试在心中默念"吸"和"呼"，或使用其他技巧来帮助保持注意力的集中。

最后，当你准备结束训练时，放慢呼吸的节奏，慢慢地将注意力转移到周围的环境。你可以轻轻地摇动身体，伸展肢体，缓解它们的麻木，让它们回归到活动的状态。缓慢地睁开你的眼睛，让视觉重新融入你所处的环境中。这样的呼吸训练可以帮助你在日常生活中更好地应对压力和负面情绪，带来更多的内心平静和积极心态。

四、正念的身体扫描训练

身体扫描是一种正念训练方法，旨在增强对身体感觉和感受的觉知能力。通过身体扫描，你可以逐渐将注意力带入身体的不同部位，觉察身体的感觉、紧张度和放松程度，以下是身体扫描的详细介绍。

首先是训练开始前的准备，找一个安静舒适的地方坐下或躺下，放松身体和心灵。可以选择闭上眼睛或保持微闭状态。调整呼吸，让自己进入放松的状态。

　　然后就是正式开始扫描，将注意力集中在身体的一部分，比如脚底。觉察脚底与地面的接触感觉，注意脚底的温度、压力和其他感觉。不要评判或试图改变这些感觉，只是像旁观者一样观察它们的存在。

　　之后则是移动到下一个部位：逐渐将注意力从脚底转移到脚踝、小腿、膝盖、大腿，一直到身体的每个部位。在每个部位都停留片刻，觉察它们的感觉和感受。注意可能会出现的紧张、舒展、酸痛或其他感觉。

　　接下来需要感受呼吸，当你扫描身体的不同部位时，也可以将注意力放在呼吸上。觉察气息进入和离开身体的感觉，注意呼吸的深浅、速度和节奏。将注意力保持在呼吸上，使其成为觉察的焦点。

　　然后就是对躯体的完整扫描，你需要逐渐将注意力从下身转移到上身，包括腰部、胸部、手臂、肩膀、颈部和头部。觉察每个部位的感觉和感受，注意紧张度、放松和任何其他的感觉。

　　最后在完成对身体各部位的扫描后，可以缓缓睁开眼睛或调整身体姿势，花一些时间感受整个身体的感觉并放松整个身体。

　　通过身体扫描，你可以增强对身体的觉知能力，并意识到身体上的紧张和放松状态。这种练习有助于平复情绪、防止倦怠、减轻压力、放松身心，以及培养个体对身体的关注和自我照顾的习惯。每天坚持练习，你将逐渐提高身体觉知的能力，进而很好地掌控自己的情绪。

拥抱正念，收获幸福

在当今社会中，幸福感是每个人都渴望拥有的宝贵财富。幸福感不仅来自人们所拥有的东西，还来自人们对当下体验的感知与想法。而正念恰恰专注于当下的生活、情感以及挑战等，引导人们渐入内心的平静和幸福感。正念会让人们以一种无批判的方式看待周围和自身，从而不容易被外在事物和内心情绪所主导。进行正念训练时，人们会更加关注内心的需求，更好地做出相应的行动来满足自己，以此提升自身的满足感和幸福感。同时，正念使得人们更加关注生活中的细节，比如注意到路边开放的美丽的野花，更深刻地意识到生活的意义。由于正念会让人们专注于当下的体验，人们更容易在生活中感受到开心和幸福。

日常生活中，我们面临各种挑战和压力，工作场所也不例外。工作场所中的许多因素会导致人们身在其中经常感受到压力和不满，包括工作环境、工作性质、工作中的人际关系和工作与生活之间的平衡等。这些负面情绪严重影响了他们在职场中的幸福感和工作质量。有些人认为工作缺乏灵活性，或不能自由表达自己的观点和想法；对于那些想要创造一番天地的人来说，他们可能觉得现有的工作太无聊，缺少刺激，以至于不能发展和实现自己的创造力和抱负；有些人也会觉得自己在工作中受到了不公平待遇，或者无法平衡工作和生活；还有一些人面临来自同事、上级或客户的挑战和压力，感到紧张和不安。所有这些因素都使得员工难以充分发挥自己的潜力，严重影响了他们的幸福感。

因此，我们需要更加关注员工幸福感的问题，因为拥有高幸福感的员工是企业不可或缺的重要因素之一。我们需要积极寻求能够提升员工幸福感的办法，并且提供相应的支持。只有当员工拥有良好的幸福感，才能够提高他们的工作效率和生产力，同时也为企业创造更大的价值。

一、正念与幸福感

正念被认为是改善员工整体幸福感的有效途径。图2.3呈现了正念提升幸福感的主要路径。

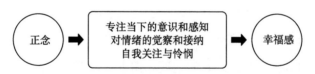

图2.3　正念提升幸福感的主要路径

正念增强了个体对于当下的意识和感知，并由此能够提升个体的专注力和注意控制能力。在高强度和快节奏的工作环境中，员工经常会被琐碎的小事所干扰，导致注意力分散和效率降低。在工作中，专注力是完成任务和提高效率的重要因素。正念强调人们专注于当下的任务。通过训练，个体可以将注意力更加集中在当前的任务上，从而更好地应对分心和干扰，提高工作效率和满意度。

与此同时，正念培养了个体对情绪的觉察和接纳。通过正念训练，员工学会更好地观察和感知自己的情绪反应，并且以包容的方式面对它们。无论是积极情绪还是负面情绪，员工都可以通过正念来平和地接纳它们。此外，正念训练鼓励个体以一种开放的、不加评判的方式面对自身的情绪。通过平和地观察和接纳当下的体验，员工可以更好地理解自己内在的情绪需求，正视负面情绪，从而不被负面情绪持续困扰。这种情绪调节策略有助于个体在应对工作中的挫折和困难时激发积极情绪，增加员工的工作乐趣和满足感，并且减少负面感受的持续时间和强度，可以提升员工的幸福感。

另外，正念还能培养员工的自我怜悯。员工常常在完成工作任务中忽视自己的身心健康和需求。而正念强调个体需要以包容的方式接纳当下的感知。所以，通过正念的实践，员工能够意识到自己的身体是否疲劳，是否需要休息等。正念帮助员工更加关注自身的身体和心理的真实情况和需求，从而积极施行相应的行动，比如休息或就医等。这种自我关怀的态度有利于员工及时发现和处理自己身体和心理上的亚健康，更加爱护自己，从而减少疲劳等负面影响，加强自身幸福感。

不仅如此，正念也强调个体时刻关注当下的体验，这种方式会让员工在压力出现时可以及时注意到压力的变化和原因。同时，正念也鼓励个体以无批判的方式接纳当下。正念训练能够帮助员工觉察并接纳内在的压力感受，让他们不会一味地抗拒压力的出现，而是包容地接纳它，从而减少被压力所困扰的程度。

总而言之，正念使个体可以更好地理解和管理自己的身心状态，从而更加投入积极的感受中，增强幸福感。

研究前沿

正念帮助员工不加评判地深入了解自身的内在状态，并学会以平静、开放的方式面对各种体验。通过正念训练，员工开始关注并觉察自己的身体感受、情绪和思维，并能够更加敏锐地感知自己的需求和偏好，从而更好地满足自己的内在需求，提升个人的幸福感。

二、现有研究的发现

正念干预在临床领域被证明对防治一般群体及病患群体的焦虑（Cramer, Rabsilber, Lauche, Kümmel & Dobos, 2015; Khoury et al., 2013; Zoogman, Goldberg, Hoyt & Miller, 2015）等情绪问题，以及疼痛等各类生理和心理问题（Geiger et al., 2016）都有着积极的影响。例如，任志洪等人（2018）对正念干预与焦虑的关系进行了元分析，结合了东西方国家共55篇研究，元分析结果发现正念训练对焦虑干预的整体即时效果比较显著。在此基础上，正念训练通过让员工拥有更好的精神健康状态，让他们在工作中更幸福（Birdie, 2015），并且这种通过正念获得的幸福感是可持续的（Bhojani & Kurucz, 2020）。多项研究都一致表明（Anderson, Lau, Segal & Bishop, 2007; Schroevers & Brandsma, 2010），正念训练可以通过情感和情绪的调节，以及缓解和改善心理问题来提升幸福感。

正念不仅被证明可以提高生理和心理健康水平，调节情绪，从而提升幸福感，也已经被许多研究证明可能通过其他机制直接或间接地预测幸福感（Brown, Ryan, 2003; Salvi, Gaur, Tambi & Tambi, 2021; Shapiro, Oman, Thoresen, Plante & Flinders, 2008；徐慰 & 刘兴华，2013）。Carmody 和 Baer（2008）的分析发现，正念练习时长和正念水平之间存在正相关，因此正念练习能够有效地通过提升正念水平，进而提升心理幸福感。Smith 等人（2008）同样验证了正念训练对正念以及幸福感的积极作用。此外，Kong 等人（2014）招募了 310 名中国成年人样本进行研究，结果显示正念能够显著预测核心自我评价以及生活满意度，并且研究发现了核心自我评价在正念预测生活满意度之间的完全中介作用。Hollis Walker 和 Colosimo（2011）发现自我怜悯中介了正念与心理幸福感之间的关系。Coo 和 Salanova（2018）在公立医院中进行正念干预效果的研究，发现正念干预成功地提高了所有评估对象所测量的变量水平，包括幸福感、工作参与及绩效表现。Campos 等人（2016）的研究招募了 365 名参与者，对参与者的正念、自我同情、彭伯顿幸福指数进行评估，发现正念中的观察和觉知部分以及自我同情能够预测幸福指数，并且自我同情在正念和幸福的关系当中起到部分中介的作用。卫武等人（2023）的研究证明了正念通过资源选择增加工作幸福感，同时正念也通过资源补偿降低情绪耗竭，从而提升工作幸福感。刘斯漫等人（2015）研究分析了来自 448 名大学生的调查问卷，结果发现正念可以通过提升心理弹性实现对主观幸福感的提升。刘兴华等人（2013）招募志愿者进行随机对照实验，实验组安排每周 1 次共 6 次的正念训练，研究发现正念训练能够显著提升训练参与者的主观幸福感。

三、正念案例

萨提亚在微软团队士气低落、气氛压抑的时候加入微软。当时的微软高层内部针锋相对，企业业务老化，企业市值也逐渐下滑。他的工作从整顿人心开始。刚刚接任首席执行官职务后，萨提亚做的第一件事是给执行层的高管团队安排正念研修活动。萨提亚聘请了专注于正念训练的心理学家迈克尔·热尔韦（Michael Gervais），为微软的高管团队成员开展正念训练。活动地点选在了办公区内的一个比行政会议室更为轻松的房间。在正念活动中，高管人员分享各自的精神寄托、信仰、受教育背景、家庭，以及工作中的种种事宜，同时也聆听他人，关怀他人，以同理心对待他人。

正念对于改善人际关系和增强同理心有重要作用，同时对处理情绪和压力也有着积极的影响。萨提亚通过在微软的高管团队内部开展正念训练和实践，在团队内培养关怀和同理心，并强调不要对情绪进行评判或抗拒，而是以开放和宽容的态度觉察并接纳它们的存在，从而获得内心的平静和幸福感。

由此，微软执行层的管理者们通过正念训练，在工作中善待自己和他人，优化人际关系，提升幸福感，赋能他人，最终共同打造出领导组织变革的核心管理团队，并使得微软走出困境，市值实现巨幅增长，实现了微软的"刷新"与复兴。

正念改善工作态度

在现代快节奏的职场中，工作任务重、时间紧以及上层领导对工作质量和工作成果的高要求，给许多员工带来重大挑战。许多员工认为每天都做差不多但是量很大的工作，让他们感觉十分无趣和没有意义。不仅如此，由于领导只看重工作质量，也导致一部分员工觉得他们不被领导欣赏。这些不良感受和体验往往是导致员工工作态度不佳、工作满意度下降的重要原因。当员工的工作满意度下降，他们会失去工作的动力，不想去做自己的工作，进而导致工作绩效的降低。同时，由于工作的无聊，当员工不投入工作时，他们的工作效率也会因此降低。当老板不能给员工积极的影响时，也会导致员工的高离职倾向。而在离职倾向的影响下，员工会对自己的工作失去信心和斗志，缺乏足够的动力去高效工作。这些负面的工作态度不仅对员工个人的工作表现和质量造成了影响，也会影响团队合作和组织效益，进而将这种负面的工作态度传播至整个公司。因此，改善员工的工作态度，并积极找到应对方法是企业刻不容缓的任务。员工的工作态度改善了，他们的工作效率、产出以及公司的效益都会得到改善。对此，我们可以通过正念实践提升员工的正念水平进而改善他们的工作态度。正念实践可以培养员工的专注力，让他们更加全身心地投入到工作中。

一、正念与工作态度

正念作为一种关注当下、接纳和调整心态的方法，可以帮助人们改善工作态度，并提升工作满意度、工作投入度，降低离职倾向。通过练习正念，员工可以深入地了解自己在工作中的情绪和思维模式。通过观察和接纳这些情绪，员工可以学会不被工作中的困境或挑战所左右，而是能够以一种客观和冷静的态度来看待它们。这种内在的平和状态使员工对于企业的总体评价更高，在日常工作中能够更好地专注于当前的任务，提高工作投入度。同时，来自工作的压力和负面情绪也是员工离职的主要原因之一。正念可以帮助员工提高自我觉察力，更加敏锐地察觉自己的情绪并使之稳定，从而更好地处理烦琐的工作和压力带来的挑战。通过正念，员工能够提升情绪调节能力，更好地处理工作中的压力和挫折，保持积极的态度，从而更不容易选择离职。不仅如此，正念还可以促进团队合作和沟通。当人们在工作中保持正念时，会更容易与他人建立积极的工作关系，增进相互理解和支持。这有助于提升团队的整体效能和合作氛围。正念也有助于员工培养积极心态和乐观情绪。通过正念练习，员工可以学会更加专注于和满足于当前的工作任务，培养感恩和乐观的态度，进而提高工作满意度，增强工作乐趣。总之，正念与工作态度之间存在促进和增强的关系。通过培养正念，人们可以提高专注力从而提升工作投入度、减轻压力、增强自我觉察力来减少离职倾向，同时促进团队合作，通过更加欣赏自己的工作来提高工作满意度。

研究前沿

正念可以积极影响员工的幸福感并降低其对压力的感知，进而提高工作满意度。同时，正念练习可以让员工学会平和地接纳自己的情绪，更好地专注于当前的任务，提高工作投入度。此外，正念水平高的员工可以更好进行自我调节和高效管理工作中的需求，降低离职倾向。

二、现有研究的发现

对工作满意度有积极影响

大量研究表明，正念可以提高工作满意度。例如，Pang 和 Ruch（2019）的研究结果表明，MBSR 可以有效提高幸福感，减少感知到的压力和提高工作满意度，而基于正念的力量练习（Mindfulness-Based Strengths Practice, MBSP）可有效提高幸福感、工作满意度和任务绩效。这些发现表明，就工作中的幸福感而言，仅正念就能发挥更好的作用。

在 Hülsheger 等人（2013）的研究中，正念被发现与情绪耗竭呈负相关，与工作满意度呈正相关。Saini（2020）的研究使用了一份自编的调查问卷来收集受访者的数据，研究结果证明正念正面影响工作满意度，并且加强正念可以促进员工的积极态度。Monroe 等人（2021）的研究结果表明，正念可以显著提高护士们的工作满意度。Epstein 等人的研究（2022）在 2018 年至 2019 年收集了 2 个月有关 120 位参与者在研讨会期间的基线随访数据，研究表明，基于正念的研讨会对临床医生的工作满意度有着显著的积极影响。

对工作投入度有积极影响

正念对工作投入度的积极影响已经得到大量研究的证明。例如，Tulucu 等人（2022）的研究通过采用工作需求—资源理论的原则，并以北塞浦路斯 164 名护士的数据来测试模型。结果表明，正念可以明显提升工作投入度。

Matsuo（2022）的研究通过对日本医院护士进行的两项三波纵向调查，探索了正念对于工作投入度的积极影响。Khan 等人（2020）收集了 200 名在马来西亚从事服务业的受访者数据，这项研究的结果表明，正念练习提高了员工的工作投入度和对抗压力的能力。Nguyen 和 Lu（2020）的研究收集了 140 个在越南工作的服务行业的员工的数据，并且用分层回归来检验结果。结果表明，领导的正念水平与员工投入度呈现正相关，并且领导者信任在领导者正念与员工投入度之间起部分中介作用。Leory 等人（2013）在 6 个正念训练的背景下，并于训练前、训练后即刻和训练后 4 个月收集了变量（正念、真实功能和工作参与）的调查数据。研究表明正念水平与工作参与度和投入度呈正相关，并且真实功能调节正念对工作投入度有影响。此外，Gunasekara 和 Zheng（2019）的研究利用探索性因素和多元回归分析了 130 名员工样本数据。他们的研究结果表明，正念作为一个单一的结构与工作投入度呈正相关。

对降低离职意向有积极影响

到目前为止，大量研究也证实了正念可以降低离职倾向。因为正念练习者能够自我调节，从而能够有效地管理工作需求，让自己更加满意（Shapiro et al.，2006）。因此，他们的离职意向较低（Martha et al.，2022）。

Lin 等人（2022）的研究利用调查问卷收集了 331 名公务员的数据，结果表明，工作场所正念与离职意向呈负相关，并且工作满意度对工作正念和离职意向有完全中介作用。

Arshadi 和 Damiri（2013）的研究表明，压力与离职呈现正相关性。Dane 和 Brummel（2014）的研究利用调查问卷收集了美国餐厅 102 名服务人员的数据，他们的研究结果表明，施行正念的人能够应对并有效地管理工作中的压力需求，所以不太可能表现出离职的意向。Andrew 等人（2014）利用在线调查来收集参与的 280 个样本案例，研究发现正念通过工作满意度对离职意向的间接影响是负面的。Raza 等人（2018）的研究通过发放调查问卷，对巴基斯坦拉合尔在公立和私立医院工作的 306 名护士收集数据，研究结果表明，特质正念与工作离职意向呈负相关。Reb 等人（2017）从一家位于印度的美国跨国公司的大型联络中心的呼叫中心 300 名员工那里收集了数据，其结果表明，正念可以减少情绪耗竭，从而有助于降低离职意向。

三、正念案例

一个正念方法培训课程由一位拥有超过 18 年正念教学经验的讲师授课，该培训面向中西部一家数字营销公司的 60 名员工，目标是提高员工在工作时的工作满意度以提升工作效率。所有参与者都使用统一正念系统完成了为期半天的正念研讨会。在这种方法中，正念被看作三种特定的注意力技能：专注、感官清晰和平静。

参与者在课程中学会在进行一些简单活动时，也保持着专注练习正念。比如，学员在坐着的时候，也会保持对正念的全神贯注和练习；在日常与别人的交谈或者视频会议中，也保持着正念状态；无论是自己吃饭还是聚餐时，参与者也会保持高程度的正念；甚至闲暇时候听音乐，员工也会专注于正念。在一系列活动中培养专注于正念的技能可以优化人们的时间安排，因为在同一时间内可以完成当下任务，同时增强正念这种特定活动的干预。

在半天的训练之后，参与者被随机分配到一组在六周内没有练习正念的组，或者分配到一组在六周内每天练习正念的组，以达成对照实验。研究人员在六周正念练习的前后连续三天分别向参与员工的智能手机发送衡量员工幸福感的调查。

研究结果表明，与等候名单上的参与者相比，为期六周的参与者表现出工作与生活冲突减少、工作满意度提高以及集中注意力的能力增强。这可以帮助公司显著提升工作效率。

正念提升工作表现

在现代快节奏的职场环境中，高强度的工作会让员工对生活和工作的边界感到模糊，从而导致工作和生活的失衡。面对这些挑战，员工很容易产生负面感受，进而经常无法集中注意力，导致工作效率低下。正念作为一种专注当下的、非判断性的意识状态，能够帮助人们提高专注力、自我调节能力，在工作中更加高效地完成任务，并且促进更积极的工作行为，如组织公民行为，并同时防止反生产工作行为的滋生。正念也可以培养人们的自我意识和注意力，帮助人们更好地掌控自己的情绪和行为。这种平静状态可以帮助人们更好地应对工作中的挑战，同时增强创造力和专注力，从而提高工作绩效。正念可以帮助人们更好地缓解和应对工作中的压力和挑战，增强工作表现以及提高个人生活的质量。以下将探讨如何运用正念的理念和方法，来提高员工的工作表现，促进组织公民行为，减少反生产行为，从而在职场中获得更好的成就和满足感。

一、正念与工作行为

在工作环境中，正念作为一种专注当下的意识状态，可以从各个方面对员工的工作行为带来普遍的有益影响，来改善员工的工作表现。

首先，正念可以提升员工的自我意识和专注力，使员工能更加专注于当前的工作任务。通过提高专注度，正念有助于员工提高工作效率和工作时思路的清晰性，以及对工作目标努力的准确性，从而带来更好的工作表现和更积极的工作行为。

同时，正念可以改善员工的情绪调节能力，帮助员工在遇到工作上的困难以及压力时能更好地控制自己的情绪，而不是被情绪压垮。正念会让员工观察和接纳自己的内在体验，因此能够更好地了解情绪的本质，以及不同情绪会对工作表现造成的影响，从而更好地掌握自己的情绪起伏并及时调整自己的心态来控制情绪。这可以帮助员工缓解工作中的焦虑和紧张情绪，提高员工在工作中的绩效表现，改善工作行为。

另外，正念还可以督促员工进行自省，加深自我认知，包括自我反思和自我发展。通过正念的练习，员工能更深入地了解自己，更明确自己在职场中的优劣势，以及可成长领域和可发展的机会，进而能更好地给自己设立明确的职业目标，以及未来的发展方向和发展规划。加深自我认知有助于员工找到适合自己的工作位置和目标，提高工作投入度和满意度，进而改善工作表现。此外，正念可以提高员工的认知功能和决策能力，并增强注意力和记忆力，从而在需要持续专注和集中的任务中提升表现。由此，正念能够提高员工的创造力和解决问题的能力。

不仅如此，正念还有助于培养员工的组织公民行为，并减少员工的反生产工作行为。通过对员工积极态度、正面情绪的影响，正念可以使员工更友好地关注和接纳他人，并加深团队合作的意识，进而更好地认同或求同存异地看待他人的意见和观点。由此，员工能与同事进行更有效的沟通和合作，表现出更加积极的工作行为，如创造力、组织公民行为，减少负面行为。

研究前沿

正念可以提升员工的自我意识，改善情绪调节和自省，显著提升员工的工作表现。通过增强员工的专注、工作效率的稳定性，正念促使员工积极观察周围事物和接受各种刺激，提升创造力。同时，正念水平高的员工更容易产生积极情绪和减少报复心理，进而促进组织公民行为，并减少反生产行为。综上所述，正念对工作行为表现有积极影响。

二、现有研究的发现

在工作情境下，现有许多研究发现，正念可以提高员工的工作效率。例如，学者发现正念通过情绪控制帮助员工缓解了工作压力，从而有助于提高工作绩效（Janssen et al., 2020; Yagil et al., 2023）。正念也可以提高员工自省水平，帮助引入和实践反思文化。研究已经表明，正念与反思密切相关，对员工工作效率提升有很大的帮助。员工们在一些令人厌恶的工作场所中工作往往会有较低的工作效率，然而正念可以通过鼓励员工接受当下、关注当前体验来遏制这一过程的发生。员工能够从正念中汲取灵感，通过自省的方式更好地适应环境（Jahanzeb et al., 2020）。

　　在现有的研究中，学者们也发现正念可以提升员工的创造力水平。Kamp 等人（2023）的研究以主动激励理论（proactive motivation theory）为基础，考察了员工如何通过使用主动活力管理（proactive vitality management, PVM）在日常生活中提升自己的创造力。研究结果表明，日常主动活力管理通过积极影响个体的每日正念水平，从而改善了个体的创造性表现。为了评估正念与创造力之间的联系，Lebuda 等人（2016）通过 1977 年至 2015 年间发表的研究中的 20 个样本获得了 89 个相关性系数，并对此进行了多层次元分析，结果证明正念与创造力之间存在正相关。Müller 等人（2016）对两组经验丰富的冥想练习者开设了冥想课程，并对参加者的创意和认知灵活性在冥想前后都进行了评估。研究结果表明，无论具体方式如何，冥想都能显著提高创造力，由此可以推论正念与创造力呈正相关。Bellosta-Batalla 等人（2021）讨论了正念干预对口头表达创造力的影响，并利用实验组和等候名单组、非随机积极对照组进行对比。研究结果表明，接受正念和慈悲为基础的干预措施的实验组学生在口头创造力方面有着显著提高，并且有更加灵活和多样的创造性词语和想法。

　　尽管大量研究表明正念与创造力呈正相关，但是两者的关系十分复杂。由于正念有许多种形式和不同的侧重方面，并不是正念中的每一个方面都可以正向影响参与者的创造力，仍然有一些学者的研究结果并没有反映出正念可以提高创造力。例如，Baas等人（2014）探索了特定的正念技能对创意表现的预测存在差异，并通过四项不同的正念研究来验证。研究结果表明，正念各个维度和创造力之间存在不同的关系，且不同研究的结论有差异。例如，正念中的觉知（act with awareness）与创造力没有显著联系，但是他们也发现在另一个研究中觉知的增加可能降低创造力。此外，Zedelius与Schooler（2015）使用对照组并且通过指示操纵参与者解决问题的方法，研究发现，正念与创造性表现之间存在负相关关系。

　　同时，大量研究证明，个体正念对于员工创新具有重要的影响。例如，Hu等人（2019）研究了管理者的正念对公司革新的影响，以中国的上市公司为样本，从CSMAR（中国经济金融研究数据库）收集数据。研究结果表明，管理正念可以积极影响企业的研发强度，而这是企业创新力的重要组成部分之一。Rieken等人（2017）研究了正念态度（开放、接受、好奇）与革新之间的关系，以及处置性的正念与革新自我效能之间的关系，并以完成工程专业调查的1460名工程专业学生和应届毕业生为样本进行研究。他们发现正念态度与革新自我效能呈现正相关，而具有高度正念态度的学生倾向于将革新自我效能感放在首位，并且更倾向于参与及设计和革新有关的学习经历。Capel（2014）研究了正念在发展本土知识、本土革新和本土创业或本土新进入或新企业方面的作用。此外，Nourafkan 等人（2023）考察了正念如何给公司带来积极成果，他们将正念视为促进组织公民行为和创新工作行为的一个重要因素。Nourafkan 等人的研究表明，正念可以改善现实幸福感（eudaimonic well-being），从而增加创新工作行为、组织公民行为。Montani 等人（2020）收集了来自不同国家的员工数据，发现当正念程度较高时，只需中等水平的工作量和工作参与度的增加，创新行为就会得到改善。

　　正念也被证实会提高组织公民行为。例如 Robinson 和 Krishnakumar（2022）的研究表明，正念水平更高的员工往往更愿意帮助他们的组织和同事。Jobbehdar Nourafkan 等人（2023）发现正念与组织公民行为呈正相关。Anand（2021）的研究发现，正念是组织公民行为的重要预测指标。Asthana（2021）从韧性的角度研究了 MBA 学生的正念和组织公民行为，发现正念的增加可以改善组织公民行为，并且韧性调节了正念对组织公民行为的影响。此外，Puswiartika 等人（2021）研究了在新冠疫情期间，正念干预对电信服务提供商员工服务承诺的影响。研究结果表明，干预后的员工明显提高了服务承诺。需指出，服务承诺正是组织公民行为中的一个核心部分（Sulastiana，2012）。Nguyen 等人（2019）以 382 位越南工作人员为样本进行研究，结果表明，更高水平的正念对增强组织公民行为的影响更大。Patel（2017）的研究表明，无论人口变量怎样发生变化，正念都是预测组织公民行为的重要因素之一。

此外，个体正念被发现可以显著减少反生产行为或敌意行为（Krishnakumar & Robinson, 2015; Mesmer-Magnus et al., 2017）。例如，Zheng 等人（2023）的研究采用体验抽样法，发现每日正念的提升会降低自我耗竭，进而在个体内层面上减少每日反生产行为。Schwager 等人（2016）以 281 名研究生为样本，发现正念与反生产学术行为呈负相关。

三、正念案例

葛兰素史克公司的正念课程是"能量与复原力"计划的一部分。该公司鼓励员工将正念视为振作精神、更好地集中注意力、提高生产力和挫折后复原的一种方式。葛兰素史克通过企业沟通渠道积极推广课程，通过直播和视频提供给员工学习正念课程的途径。在课程中，讲师会从一分钟的冥想开始教员工施行正念，并且随着时间的推移，冥想的时间会减少。讲师也会要求课程参与者每天坚持练习一次基本的正念，为正念的练习打下基础。这种最基础的冥想练习会克服时间和地点的障碍，并且讲师收到最多的回馈就是员工说明自己可以做到。课程也会教学员如何在呼吸中保持正念，甚至在日常运动中，比如在跑步过程中，教授学员如何专注于正念练习。有关气息流动和正念的微课在正念课程中也有所涉及。在每周的课程结束后，课程参与者被要求完成一份简短的调查，90% 的人说这有助于他们管理工作中的压力和紧张，99% 的人说这使他们的头脑焕然一新，85% 的人说他们可以立即应用所学知识。

四、正念的桌椅训练

正念的桌椅训练是一种简单易行的正念练习方法之一，有助于我们放松身心，提高专注力和生产力。请根据以下指导语，进行正念的桌椅训练。

站立。首先，你可以站在桌子旁边，保持身体挺直，双脚并拢，放松肩膀和手臂。接着，你可以缓慢地呼吸几次，尝试将注意力集中到呼吸上，感受气息在身体中的流动。

坐下。接下来，你可以坐到椅子上，保持身体挺直，脚平放在地面上。让双手自然地放在腿上，放松肩膀和手臂，然后闭上眼睛，尝试将注意力集中在呼吸上。

感受身体。接着，你可以尝试感受身体各个部位的感觉。可以先将注意力集中在脚底，感受地面与脚底的接触感，然后逐渐将注意力转移到小腿、大腿、腰部、背部、肩膀、手臂和头部，感受身体各个部位的放松和舒适感。

呼吸。在感受身体各个部位的同时，你可以继续专注于呼吸。尝试将呼吸放慢、放深，让气息在体内流动。每次呼吸时，你可以在心中默念"进"和"出"，帮助自己更加专注于呼吸。

保持专注。当你的思绪开始飘散时，不要过于自责或担忧，而是尝试回到呼吸上，重新集中注意力。如果你觉得需要，可以在脑海中默念"呼吸"或"现在"，帮助你保持专注。

最后，你可以慢慢地睁开眼睛，将注意力逐渐从呼吸和身体感受转移回周围的环境中。接下来，你可以轻轻地伸展身体，起身离开桌子，继续你的工作和生活。

正念改善家庭体验

工作之外，在以家庭为基本社会结构的生活中，家庭体验对于个体来说也非常重要。一方面，在工作场所之外的家庭生活中，人们有时同样会面临情绪、压力方面的问题；另一方面，个人的时间和精力有限，在家庭中面临的问题可能会影响工作状态，使得员工面临工作家庭难以平衡的局面。

因此，我们也需要关注员工的家庭体验问题，帮助员工改善家庭体验，从而优化工作和家庭之间的平衡。正念训练能够帮助员工实现工作家庭增益，最终提升工作表现。

一、正念与家庭体验

正念可以帮助员工控制对外界的评判，从而使他们更关注当下和自我感知，并由此提升工作和家庭体验。通过有效的正念训练，员工能够增强自我意识和认知调节能力。经过正念训练，面对外界发生的事情，员工能够有意识地不加评判地进行分析和体验，同时能够更好地应对可能产生的压力和负面情绪。同时，正念帮助员工培养专注、自我觉察和情感调节的能力，减少焦虑和压力，也能够提高心理健康水平。由此，在面对家庭生活时，特别是面对一些家庭生活中的困难，或是工作家庭平衡的问题时，员工能够更好地调节自身的情绪，在适当的时候合理分配注意力，同时对于精力、体力等其他资源做好分配和使用规划，从而实现工作家庭的增益。此外，正念也可以让员工更多地关注当下的体验，提高情感体验的丰富度和深度，在家庭生活中与家庭成员一起发掘和享受家庭生活更多的美好，同时也能够更有效地理解和感受彼此的情感和经历，提升家庭关系质量，从而改善家庭体验。

> **研究前沿**
>
> 正念帮助员工保持敏锐的觉察力，对当前的家庭和工作事务都保持高度关注，促进家庭成员之间的情感联系和沟通，更好地帮助彼此相互理解和支持，增进工作和家庭的平衡。

二、现有研究的发现

正念可以促进情绪智力的发展（Wang & Kong, 2014），并作为个人感知情绪和情感发展的一个关键因素，这可能有助于提高人们的生活满意度（Coffey & Hartman, 2008; Coffey, Hartman & Fredrickson, 2010）。正念被证明能够增强关系满意度（Harvey, Crowley & Woszidlo, 2019; Khaddouma, Gordon & Strand, 2017; Lenger, Gordon & Nguyen, 2017），以及帮助人们建设性地应对关系冲突（Kimmes, Durtschi &

Fincham, 2017）。Kappen 等人（2018）的研究发现，对家庭成员的接纳中介了特质正念与关系满意度的正向关系。高特质正念者的伴侣更容易察觉到自己被接纳，并由此提升关系满意度。此外，Khaddouma 和 Gordon（2018）采用了传统的正念干预项目，研究发现个体特质正念能够正向预测伴侣的关系满意度，以及对关系的积极感知。并且，正念能够增强伴侣之间沟通和表达情感，以及与伴侣共同面对和处理关系冲突的能力（Finney & Tadros, 2018）。

另外，正念能够改善情绪调节能力，减少消极反应（Lindsay & Creswell, 2017），间接提升家庭体验和关系质量，也能够预测个体身心反应，对于关系冲突相关的身体健康问题也有着积极影响。Kimmes 等人（2018）的研究表明，正念能够负向预测其与伴侣在面对冲突时的心血管的反应水平。Hertz 等人（2015）的研究也证明，特质正念对于面临关系冲突时的皮质醇指标有负向影响，高特质正念者在面对关系冲突时有着更少的主观压力体验。

在此基础上，正念也能带来员工的工作家庭增益（郑晓明，倪丹 & 刘鑫，2019）与工作家庭平衡感（Allen & Kiburz，2012），改善工作家庭体验（倪丹 & 郑晓明，2019）。郑晓明、倪丹和刘鑫（2019）基于体验抽样法对商业银行的 79 名一线员工进行了调研，分析得到正念与工作家庭增益呈正相关，并且表层扮演水平越高，正念对工作投入的影响，以及工作投入在正念和工作家庭增益之间的关系中的中介作用就越弱。该研究结果充分展示了个体正念在提升工作投入以及工作家庭增益方面的积极作用。另一项采用体验抽样法的研究（倪丹，刘琛琳 & 郑晓明，2021）也验证了员工正念通过员工情感联结策略的中介作用，进而影响员工配偶的家庭满意度，以及第二天早上的工作投入。

综上，图 2.4 是正念对工作家庭体验的作用机制的理论模型图。

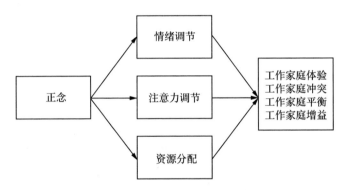

图2.4 正念对工作家庭体验的作用机制的理论模型图

三、正念案例

有一对夫妻在教育孩子上出现了分歧，为此，他们常常在孩子面前争吵，这给孩子带来了很大的负面影响，孩子也因此表现出情绪问题，并且分歧本身并未得到解决。意识到解决这个问题的重要性，这对夫妻开始了解正念，并在家庭中开展正念练习。

每天晚上，全家人都会在一起进行正念练习。在家中找到安静舒适的角落，全家人面对面坐下来，并跟随正念指导录音进行呼吸练习和冥想。这个练习帮助他们更好地放松身心，减少压力和焦虑，以便更好地开展交流和协商。

当家庭成员感到愤怒或者焦虑时，他们会借鉴正念的技巧来处理自己的情绪。他们会关注自己的情绪并找到缓解方法，同时也会尝试理解他人的情绪，并用理解和尊重的方式与家庭成员沟通。特别是在教育问题上，这对夫妻能够有效地调整自己的情绪，详细讨论彼此的诉求，并听取和参考孩子的意见，最终达成共识。

随着时间的推移，这对夫妻开始更加有效地解决他们之间的分歧。他们学会了沟通和理解对方的观点，以及如何尊重对方的需求和感受。这种做法不仅改善了他们之间的关系，还减少了孩子面对争吵的情况，同时也帮助孩子更好地处理自己的情绪。在整个过程中，正念练习也成为家庭成员一起长期开展的一项家庭活动，家庭成员之间的情感联系更加紧密，整个家庭的氛围变得更加和谐幸福。

四、正念同理心训练

现在，让我们一起进行正念同理心的训练吧。

首先，团队成员共同找到一个安静的环境，坐下来。用几分钟的时间静静地感受自己的呼吸，把注意力放在自己的呼吸上。

接下来，团队成员逐个分享自己最近的一件开心或者不开心的事情。可以是团队内部发生的事情，也可以是成员个人生活中发生的事情。

在每一名成员分享之后，都进入短暂的交流环节，分享和交流过程依次重复进行。

如果你是倾听者，在其他成员分享的过程中，需要保持专注和同理心，尝试放下对自己和他人的评判和批评，保持开放和接纳的态度，让自己更加理解和关注他人的内心世界，尝试理解对方的情感和经历。在随后进行的交流环节，你可以用自己的话描述对对方经历的这件事情的理解和感受，并关注分享者对你的回应。

如果你是分享者，请在分享环节注意描述自身在事件中的感受和体验。此外，其他成员对你的回应可能包含一些理解上的误区。首先，你需要对成员们的关心表示感谢。其次，你需要对这些误区进行澄清，帮助成员更好地理解你在经历中的真实感受。

第三章

职场中的团队正念

团队正念的概念

团队正念由 Yu 和 Zellmer-Bruhn 提出，他们将团队正念定义为一种集体认知状态，是团队成员之间的一种共同信念，团队成员之间通过在团队中的经验来发展这种认知状态。其特点是对当前事件的意识和关注，以及对团队内部经验的体验性、非判断性处理（Yu & Zellmer-Bruhn，2018）。

正念经常被认为在个体层面发挥作用，但与此同时也有许多研究认为正念可以作为团队（Liu et al.，2020）和组织（Vogus & Sutcliffe，2012）层面的特征，通过帮助个体更客观地待人接物，以及影响团队合作过程，从而为团队的整体绩效带来积极作用。因此，尽管团队正念具有与个体正念类似的构念结构（Yu & Zellmer-Bruhn，2018），团队正念仍不同于个体正念。

首先，团队正念在定义和水平上不同于个体正念。尽管个体正念能够预测团队正念（Liu et al.，2020），团队正念并非由各团队成员的个体正念单纯相加聚合而成。实际上，团队正念是成员之间对于团队互动这个主体，能在多大程度上表现出觉知和专注，以及非评价的共同信念（Yu & Zellmer-Bruhn，2018）。

其次，团队正念是团队层面的工作相关因素（Liu et al.，2021），具有独特的作用机制和边界条件，在研究上也与个体正念存在不同侧重。例如，个体正念能够提升员工工作满意度（Hülsheger et al., 2013），降低员工离职意愿（Dane & Brummel, 2014），减少员工的情绪耗竭并提高员工的工作绩效（Schuh et al., 2019）。而团队正念能够影响团队创新能力和创新绩效（Oeij et al., 2016b）、团队创造力（Hargadon & Bechky, 2006）、团队凝聚力（Zhang & Hao, 2022）等团队层面的绩效表现。

团队正念促进人际关系

在当前的工作环境中，人际关系质量不佳的情况屡见不鲜，这可能涉及诸多因素。例如，现代工作环境常常存在高压和竞争，这可能导致人们之间紧张和敌对情绪增加。同时，由于工作忙碌、紧迫的时间安排和电子沟通工具的普及，人们面对面的有效沟通和倾听变得相对较少。这可能导致信息的不准确传达、误解和冲突的增加，对人际关系产生负面影响。此外，当团队成员之间缺乏互信和合作意识时，人际关系容易变得紧张和不友好。尤其是当人们处在一个多元化的工作环境中，不同文化背景、性格特点和工作习惯的差异可能导致人际关系的紧张。在人际关系质量不佳的环境中，可能缺乏开放、诚实和建设性的反馈机制，无法及时解决潜在的问题和冲突。针对这些问题，团队正念可以有效地帮助成员们克服，以获得良好的人际互动。

一、团队正念与人际关系

团队人际关系指的是团队成员之间在工作环境中建立起来的相互联系和互动关系。常见的团队人际关系的特征和要素涉及团队成员之间的沟通、合作、相互支持和相互影响等方面。

在团队工作环境中，团队正念可以帮助团队成员将注意力集中在当前的任务、目标和相互之间的互动上，而不被过去的冲突、个人偏见或未来的担忧所干扰。由此，团队成员更可能学会有效地观察自己和他人的思维、情绪和行为，以更好地理解和应对团队中发生的事情。在日常开展的工作中，团队成员定期回顾和反思团队的工作和互动过程，以便从中学习和改进，并共同发展团队的正念实践。在人际沟通中，高团队正念的成员可以充分地觉察和专注当下，从而能够更好地倾听他人并关注沟通的细节。通过正念的实践，团队成员培养了更敏锐的觉察力和倾听技巧，能够更全面地理解他人的意图和需要，并以更有效的方式表达自己的观点和想法。通过培养团队正念，团队成员能够更好地处理复杂的团队动态和挑战，提高团队的人际互动质量。另外，团队正念强调对当前情绪和情绪反应的觉知，可以增强成员的情绪调节和冲突管理能力。通过正念的实践，团队成员能够更好地认识和管理自己的情绪，同时也能够更敏锐地察觉他人的情绪状态。这有助于在团队中更有效地处理冲突和紧张情绪，促进积极的合作和良好的团队氛围形成。

同时，团队正念培养了团队成员的非评判性观察能力。在高团队正念水平之下，团队成员以开放和接纳的态度观察和接受当前的经验，不对他人或自己进行价值评判，从而减少冲突和消极情绪。团队成员努力理解他人的观点和感受，倾听彼此的需求和意见，以建立更好的沟通和合作关系。尤其是在共情方面，团队正念可以增进成员之间的理解。团队正念鼓励成员以非评判性和开放的态度观察和接受他人的经验。通过正念的实践，团队成员学会更好地理解他人的观点、感受和需求，从而增进共情和同理心。这有助于团队成员建立更深入的沟通和联系，减少误解和冲突。一些研究已经探讨了团队正念如何促进团队成员之间的倾听和共情能力，发现团队正念对提升倾听技巧和共情能力、改善人际关系和增进团队的合作效果等方面具有重要意义。此外，团队正念可以减少成员的偏见和刻板印象。如前所述，团队正念的核心之一是非评判性的观察，这意味着成员可以不将个人偏见和刻板印象投射到他人身上。通过正念的实践，成员能够更客观地看待他人，减少偏见的影响，从而建立更真实和互信的人际关系。总之，团队正念有助于提高团队成员的专注力、情绪调节能力和人际关系水平，从而增强团队的人际关系质量，改善人际互动。

团队正念的实践是一种集体性的经验，通过共同关注当前的任务和团队互动，成员能够更深入地体验团队合作的意义和乐趣。正念的实践有助于增进团队的凝聚力和认同感，激发成员之间的合作精神，并共同追求团队目标。更重要的是，团队正念对团队内部的沟通质量和冲突管理具有重要影响。团队成员运用团队正念的技巧来改善沟通效果，减少冲突并提高了解决冲突的能

力。在高团队正念水平的团队中，成员的关系质量与人际互动会
更加高效。

研究前沿

团队人际关系涉及团队成员之间相互支持和相互影响的各个方面。在团队工作当中，团队正念能够帮助团队成员关注当前，更有效地觉知彼此的思维、情绪和行为，从而更好地理解和应对团队工作及挑战。

团队正念帮助团队成员将注意力集中在当前的任务、目标和相互之间的互动上，以开放和接纳的态度观察和接受当前的经验，而不被过去的冲突、个人偏见或未来的担忧所干扰。团队正念帮助成员不对他人或自己进行价值评判，倾听彼此的需求和意见，从而建立更好的沟通和合作关系。通过共同关注当前的任务和团队互动，成员能够更深入地体验团队合作的意义和乐趣，提高团队的凝聚力和认同感，使得成员之间的关系质量和人际互动更加高效。

二、现有研究的发现

现有文献普遍认为正念对于团队有效性存在积极作用。正念能够提升人际关系（Baas et al., 2014；Good et al., 2016）和团队凝聚力（Khan, 2018），帮助领导者改善团队冲突状况（Yu & Zellmer-Bruhn, 2018），促进建设性冲突管理（Kay & Skarlicki, 2020），从而带来更高质量的人际关系和更有效的团

队协作。

许多研究发现正念有利于改善团队的冲突管理情况（Ni, Zheng & Liang，2022），减少错误观念的产生（Selart et al., 2020），改善团队表现。Yu 和 Zellmer-Bruhn（2018）的研究将团队正念定义为团队成员之间共享的一种信念，这种信念包含自我察觉和对当前的关注、非判断的体验过程等内在特征。研究发现团队正念能够显著减少团队关系冲突，降低团队层面任务型冲突到关系型冲突的转化，减少关系型冲突到个人社会阻抑行为（social undermining）的溢出效应，并且能够有效缓冲团队冲突在不同团队层次之间的转化和扩散过程。Ni 等人（2022）的研究针对中国的一家航空食物供应商进行了问卷调查，研究结果显示团队正念可以促进合作型冲突管理方式、抑制竞争型冲突管理方式，由此降低团队整体的关系冲突水平。倪丹等人（2021）的研究发现，团队正念可以通过提升团队情感支持，改善团队人际公民行为。

Schutte 和 Malouff 的研究（2011）显示更高水平的正念与更高的情绪智力相关，并能够进一步预测更多的积极情绪、更低的负面情绪，以及更高水平的生活满意度。与此同时，更高水平的情绪智力和更积极的情绪被证明能够预测良好的领导有效性和团队表现（Melita et al., 2003）。另外一些研究同样为情绪智力在正念和团队有效性之间的中介作用提供了证据。有研究证明，情绪智力与团队任务冲突和关系冲突均存在负向关联，员工的情绪智力能够正向预测团队表现、创新、凝聚力等团队有效性指标

（Lee & Wong, 2019），并且领导的情绪智力同样能够正向预测团队有效性和团队凝聚力（Zhang & Hao, 2022）。

此外，正念也被证明能够促进人际关系。研究显示正念能够通过不同的机制显著提升沟通质量，例如减少对他人的挑剔以及提升有意识的开放式倾听（Beckman et al., 2012），减少刻板印象和误解（Burgoon et al., 2000），提升对于关系状态的敏感性（Fasbender et al., 2020），减少情绪耗竭（Schuh et al., 2019）。通过提升人际交往体验，正念能够提升客户评价（Beach et al., 2013）以及专家评价的关系质量（Barnes et al., 2007）。

三、团队正念小游戏

团队正念可以通过一些日常的团队互动游戏进行培养和练习，以下是一些可以用于团队正念训练的小游戏的示例。

合作迷宫：在一个虚拟或现实的迷宫环境中，团队成员需要合作解决迷宫中的难题。这个游戏鼓励团队成员之间的沟通、协作和集中注意力，以实现共同目标。

团队倾听：团队成员分为听者和讲述者角色。讲述者分享自己的经历、感受或问题，而听者则要全神贯注地倾听并提出相关问题或提供支持。这个游戏有助于培养团队成员的倾听技巧和共情能力。

冲突解决卡片游戏：每个团队成员手中持有一些卡片，上面写着可能引发冲突的情景或观点。团队成员需要以正念的态度来讨论和解决这些情景，并找到有效的解决方案。这个游戏有助于提高团队成员的冲突管理和解决能力。

感恩环：团队成员坐成一圈，每个人依次表达他们对其他团队成员的感激之情和赞赏。这个游戏培养了正念、共情和团队凝聚力，帮助团队成员更好地认识和支持彼此。

上述这些游戏示例可以根据团队的需求和目标进行定制和调整。它们旨在通过互动和体验来培养团队正念和加强团队合作。在进行游戏时，鼓励团队成员分享观察、感受和反思，以便从中学习和提高团队正念水平。

团队正念与工作绩效

高水平的团队工作绩效始终是企业所追求的。但是，在实际工作环境中，管理者会发现很多团队的工作绩效表现不尽如人意。这是由许多内外部因素导致的。例如，团队中缺乏明确的目标和角色。如果团队成员对工作目标和各自的角色不清楚或者没有明确的责任分配，就会导致团队成员的方向不一致，影响工作的协调和进展。有些团队可能不具备充分的沟通和协作。然而，有效的沟通和协作是高效团队工作的关键。如果团队成员之间缺乏沟通渠道、交流不畅或者合作氛围不良，就会导致信息共享不足、冲突加剧，影响团队的工作效能。此外，有些团队缺乏必要的资源和支持。当团队在人力、物力或技术方面缺乏足够的资源和支持，就会限制团队成员的工作能力，降低工作效率和绩效。

从领导者的角度来看，缺乏明晰的领导力以及指导和激励团队成员的能力，往往会导致团队成员的工作方向不明确、意愿不高，从而影响整个团队的绩效。为了改善团队工作绩效，企业可以诉诸团队正念，提升团队的正念水平。

一、团队正念与工作绩效

团队工作绩效是指团队在共同目标下所达成的结果和表现。它反映了团队成员在合作中所展现出的能力、效率和质量。一般而言，团队工作绩效可以通过多个指标来衡量。例如，团队是否能够按时、按要求完成既定的目标和任务，团队的任务成果和产出，团队成员之间的协作和合作程度，团队的创新和改进能力，等等。

团队正念可以改善团队成员的总体工作表现。这是因为团队正念可以增强人们的专注力和注意力。团队正念的实践可以帮助团队成员培养专注力和注意力，使他们能够更好地集中注意力在当前的任务和工作上。这种专注能力可以提高工作效率和准确性，减少错误和疏忽。同时，团队正念的实践有助于培养团队成员的觉察力和洞察力，使他们更敏锐地察觉问题和挑战。这种觉察力使团队成员能够更早地发现和解决问题，提高问题解决的效率和质量。另外，团队正念可以帮助团队成员在决策过程中保持客观和非评判性的观察态度。通过正念的实践，团队成员能够更全面地收集和评估信息，减少偏见和情绪的干扰，做出更明智和有效的决策。如前所述，团队正念增强了团队成员应对压力和情绪调节的能力，这有助于他们专注地投入到日常工作中。团队正念的实践有助于提高团队成员的情绪调节能力，使他们更好地管理和应对工作中的压力和挑战。正念可以帮助团队成员保持冷静和决策的清晰性，减少情绪对工作表现的干扰。此外，团队正念可以鼓励团队成员以开放和非评判性的态度与他人互动和合作。这有助于建立更好的团队氛围，促进合作和共享知识的文化，提高团队的协作效能。总而言之，团队正念通过增强专注力、觉察力、情绪调节能力和合作能力，提高团队成员的工作表现。团队成员能够更好地处理工作中的挑战，做出更明智的决策，并更有效地与他人合作，以提高工作效率和质量。

研究前沿

团队工作绩效是指团队在共同目标下所达成的结果和表现。它反映了团队成员在合作中所展现出的能力、效率和质量。

团队正念的实践有助于团队成员提升专注力和注意力，使他们能够更好地集中注意力在当前的任务和工作上，减少错误和疏忽。团队正念的实践有助于提升团队成员的觉察力和洞察力，使他们更敏锐地察觉问题和挑战，提高问题解决的效率和质量。另外，团队正念有助于团队成员在决策过程中保持客观和非评判性的观察态度，更全面地收集和评估信息，减少偏见和情绪的干扰，做出更明智和有效的决策。

二、现有研究的发现

目前有许多学者关注团队正念与团队整体工作表现之间的关系（Bond & Bunce, 2003; Dane & Brummel, 2014）。团队正念能够提升团队决策质量（Selart et al., 2020），减少任务和关系冲突（Yu & Zellmer-Brugn, 2018），提升团队绩效（Rupprecht et al., 2019）。具体而言，团队层面正念的概念构建能够激发有效的团体决策，并且通过改善开放性思维、冲突管理以及对模糊的容忍等不同方式，有效缓解错误共识的形成，帮助团队更好地面对复杂多变的环境（Selart et al., 2020）；团队正念可以增强团队成员之间的凝聚力，并通过更有效的团队领导力实现项目团队绩效的增长（Majeed et al., 2023）。此外，团队正念能够提升成员的心流体验（Xie, 2022），而心流已被许多研究证明能够提升个人的工作绩效（Aubé et al., 2014; Xie, 2022; Zu et al., 2019）。研究还发现，当团队更敬业（team respectful engagement）时，团队正念对团队承诺的积极作用更强（Rusdi & Wibowo, 2022）。

个体的正念能够显著预测个人绩效，个体正念也能够显著预测团队正念（Liu et al., 2020）。许多研究共同表明，正念对个体的工作绩效及在具体任务中的表现都具有显著的预测作用（郑晓明 & 倪丹，2018）。Zhang 等人（2013）的研究显示正念与工作内容具有高复杂性的员工的工作绩效显著相关，由于样本来自核能源产业，研究还发现正念也与员工的安全绩效显著相关。

Dane 和 Brummel（2014）在服务行业开展的研究发现，在动态变化的工作环境当中，正念能够显著正向预测员工工作绩效，显著负向预测员工的离职意愿。此外，正念可以通过改善情绪管理策略提升员工工作满意度，从而减少情绪耗竭（Hülsheger et al., 2013），并提升员工在工作中的表现（Bond & Bunce, 2003）。Reb 等人（2015）的研究探索并验证了正念对于员工情绪耗竭、工作满意度、组织公民行为以及工作绩效的显著预测作用。Liu、Zhao、Wang 和 Lu（2021）发现团队正念会激发成员们的情绪（即感知到的共情关注）和认知（即感知到的内部人地位）路径，从而改善他们的出勤情况。

　　大量研究关注了正念对认知表现的积极作用，而这可能是正念改善工作表现的作用机制之一（Good et al., 2016）。许多实证研究显示，正念能够暂时提升个体存储和加工信息的工作记忆能力（working memory capacity）（Chiesa et al., 2011; Roeser et al., 2013; Ruocco & Direkoglu, 2013），从而优化工作表现。除了认知能力（cognitive capacity）之外，正念也被证明能够通过改善对注意力的控制提升认知的可变性（cognitive flexibility），由此带来更好的顿悟式问题解决（Ostafin & Kassman, 2012），以及问题解决视角的多样性（Moore & Malinowski, 2009）。

三、案例分析

　　在一个制造型企业的职能型团队中，成员之间存在沟通不畅、合作不够紧密、冲突频发等问题，导致工作效率低下和成果不佳。团队领导意识到团队成员的情绪和人际关系对团队绩效产生了负面影响，决定引入团队正念的实践。

团队领导者邀请了一位专业、经验丰富的正念教练进行团队正念培训。培训内容包括正念基本概念、觉察与接纳自己和他人的情绪、倾听和沟通的技巧，以及解决冲突和建立互信的方法。该训练持续1个月，每周正念教练会线下授课。

团队成员开始在工作实践中觉察和接纳自己与他人的情绪及需求。他们学会在工作压力下保持冷静和专注，意识到自己的情绪对工作的影响，并学会接纳他人的观点和意见。

同时，团队成员应用团队正念的倾听技巧和非判断性的沟通方式，增强彼此的理解和共鸣。他们学会倾听他人的意见，避免偏见和批判，并更加开放地与团队成员合作和协作。

团队成员更加积极地解决冲突和建立信任。他们学会观察和觉察冲突的起因，保持冷静并运用非攻击性的沟通方式进行解决。通过正念实践，团队成员逐渐建立起互相信任和支持的关系。

在日常的工作过程中，团队的领导者也鼓励团队成员持续实践正念，并提供定期的反馈和支持。定期的团队会议和反思活动帮助团队成员分享他们的正念实践经验，并提供互相支持和鼓励。经过不断的团队正念训练与实践，该团队的绩效水平得到了显著的提升。

四、改善团队绩效的正念训练方式

团队成员可以通过正念时间管理法来提升团队的工作效率。例如，可以将计时器设定为 25 分钟后，开始专注地进行团队工作，直到计时器响起。期间，团队成员需要充分地专注于当下的任务，不允许任何干扰。如果有想法或其他任务浮现，简单地记下它们，然后继续工作。当计时器响起，成员们可以进行短暂休息。这段时间，成员们可以站起来活动一下、喝杯水或者做一些轻松的活动。然后，继续重复上述步骤。完成 3 至 4 轮后，休息一个较长的时间段，通常为 15 至 30 分钟。这段时间可以用来做一些放松的活动，如散步、冥想或听音乐。

团队成员可以通过正念团队反思来提升团队的工作表现。具体而言，团队领导者需要定期在团队内部举行正念反思会，让团队成员主动分享自身正念练习过程中的一些经验及其对于工作表现的潜在影响。反思会的目的主要是帮助团队成员更深入地了解自己以及整个团队的状态或问题，从而寻找改进的方法。反思时间可以在30分钟左右。反思会议的方式并不局限于线下，也可以使用在线会议平台，如 Zoom、腾讯会议等。

此外，如果有充足的条件或机会，正念团队建设活动对于改善团队工作绩效也是一个有效的方式。通过正念练习和团队建设活动，如集体的正念瑜伽、正念徒步或者正念艺术创作等，团队成员之间的信任和合作水平可能会提高，从而提升整体工作绩效和创新能力。上述的方法和工具可以根据团队的具体需求和目标进行选择和组合，以实现最佳效果。

团队正念提高团队创新水平

团队创新对于企业的发展和竞争力至关重要。这是因为团队创新能够帮助企业不断推出新产品、服务和解决方案，提升企业在市场上的竞争力。同时，团队创新有助于开拓新的业务领域和市场。通过鼓励团队成员提出新的想法、探索新的商业模式，企业能够拓展业务范围，寻找新的增长机会，实现可持续的发展。

然而，如何提升团队创新水平一直是企业面临的难题之一。团队创新需要团队成员之间的知识共享和学习，必要的资源和支持也是促进团队创新不可缺少的内容。这包括提供创新项目的资金支持、技术支持和创新工具，以及建立激励机制和奖励制度，鼓励团队成员积极参与创新活动，并将创新成果转化为实际的商业价值。在众多积极的措施和实践中，团队正念被认为对人们的创造力、创新具有重要的影响。

一、团队正念与团队创新

团队正念有助于培养团队成员的觉察力，使他们对内在和外在的感知更敏锐。这种觉察力使团队成员能够更好地观察与理解问题、挑战和机会，从而激发创新的灵感和想法。团队正念的实践可以提高团队成员的专注力，使他们能够更深入地思考和探索创新的问题。通过正念的实践，团队成员能够集中注意力，解决问题和生成新的创意。正念还可以培养团队成员的创造性思维和开放心态，鼓励他们独立思考、突破传统思维模式，接纳新观点和不同的想法，促进创新思维的多样性，并能够提出新颖和独特的解决方案。

如前所述，团队正念的实践能够帮助团队成员提升问题解决和冲突管理的能力。创新过程中难免需要面对挫折和失败，团队正念可以帮助团队成员正视过去、聚焦现在，接纳当前的现实情况，全面观察和理解团队的资源与机会，从而更好地适应环境、迎接挑战。与此同时，在创新过程中，情绪的平衡和积极态度对于保持开放思维和创造力至关重要。正念通过培养团队成员的情绪调节和自我管理技巧，使他们能够更好地处理挫折、困难和冲突，从而更有能力应对创新过程中的挑战和阻碍。

此外，团队正念鼓励团队成员之间的合作和共享。正念帮助团队成员倾听和理解他人的意见和观点，培养团队成员学习和反思的意识，促进团队成员之间的沟通和合作，以及团队中相互学习的氛围。由此，团队成员能够以开放的心态和非评判性的态度与他人合作，分享知识、想法和创新的观点。这种合作和知识分享促进了创新的合作性，为团队成员提供了更广阔的思维和资源。综上，团队正念在很大程度上会影响团队成员的创新能力和创新表现。

研究前沿

团队正念有助于培养团队成员的觉察力，使团队成员能够更好地观察与理解问题、挑战和机会，从而激发创新的灵感和想法；团队正念可以培养团队成员的创造性思维和开放心态，接纳新观点和不同的想法，促进创新思维的多样性；团队正念通过培养团队成员的情绪调节和自我管理技巧，使成员更有能力应对创新过程中的挑战和阻碍。

与此同时，团队正念鼓励团队成员之间的合作和共享，帮助团队成员倾听和理解他人的意见与观点，培养团队成员学习和反思的意识，促进团队成员之间的沟通和合作，使团队成员能够以开放的心态和非评判性的态度与他人合作，分享知识、想法和创新的观点。

二、现有研究的发现

目前已有许多研究共同支持正念对创新与创造力的积极预测作用（Baas et al., 2014; Lebuda et al., 2016）。Lebuda 等人（2016）的元分析研究汇总了 1977 年至 2015 年之间的 20 篇与正念和创造力相关的研究，分析发现正念能够显著预测创造力，在较高的统计效力上验证了正念对创新与创造力的积极作用。在具体机制上，正念干预可以通过提升和改善与创新相关的能力与状态，也能够通过帮助个体克服创新过程中的各类阻碍而提升创新。

首先，正念有利于提升创造力，以及其他有助于创新的认知能力和心理条件。在情绪方面，过往研究证明了正念干预能够提升情绪管理状况（Baas et al., 2014）和情绪调节能力（Pepping et al., 2016），并且对情绪问题也有积极疗愈作用（Zoogman et al., 2015）。在此基础上，另外一些元分析研究进一步探索并验证了情绪与创造力之间的正向关系。例如，汇总62个实验研究和10个非实验研究的元分析（Davis, 2009）发现，积极情绪强度对于创新表现的影响是非线性的，验证了在一定强度内，积极情绪对创造力的促进作用。与此同时，Baas等人的元分析（2008）得出了类似的结论，发现积极情绪相比中立情绪能够更显著地预测创造力。同样是积极情绪，自我调节焦点属于促进型的个体相比预防型的个体往往会表现出更高水平的创造力。

其次，对于创新过程，正念也被许多研究证明能够提升基本的认知能力（Baas et al., 2014），从而提升创造性思维（Baas et al., 2008; Davis, 2009; Lebuda et al., 2016），促进创新。Calzato等人（2017）的研究发现正念干预不仅能够通过提升注意力专注促进聚敛性思考，同时也能通过开放觉察提升发散性思考，从而提升创造性任务表现。Hargadon和Bechky（2006）的质性研究发现正念能够激发反思性的观念重构（reflective reframing），促进团队内部个体之间的经验共享，从而提升团队水平的集体创造力和创造性问题解决能力。Baas等人（2014）通过四个独立的研究发现，正念特质是通过增进个体对外界的观察激发创造性想法的产生的。正念训练也能够提升思维转换的能力，帮助个体在必要的时候更及时且灵活地转换思考的视角，从而提升创造性表现（Carson & Langer, 2006）。Henriksen等人（2020）的研究发现正念冥想为个体提供了非语言的精神体验，这种体验通过强化直觉性思维以及潜意识中的想法拓展个体的创造力边界，关注心智游移（mindful mind-wandering）话题的研究支持这一结论（Gladwell, 2006; Preiss & Cosmelli, 2017）。Oeij等学者的研究证明了团队正念可以促进团队创新弹性行为（Oeij et al., 2016a; Oeij et al., 2018）。他们的另一项研究也证明了高正念水平的团队在执行复杂的项目时，能够避免排斥变化的防御性思维，而是依据充足的信息做出选择，并严密监控环境，防止错误的生产性推理思维，从而更好地处理复杂项目，最终获得更高的团队创新能力和创新绩效（Oeij et al., 2016b）。

最后，正念也能够帮助个体克服阻碍创新的各类因素，进而提升创新。有研究注意到，对他人可能的负面评价的担心和害怕会降低个体创造力（Baas et al., 2008）。对于这一问题，正念有利于减轻对于他人评价的恐惧（Carson & Langer, 2006），从而提升创造力。与此同时，正念也能够提升人格的开放性（Prabhu et al., 2008），持续促进好奇心。

在国内学者的研究中，姚柱等人（2020）发现较高的领导—下属正念一致性会让双方"性格相投"，更好地满足对彼此角色的期望。团队成员具有一致的高正念水平，可以塑造更自由的工作环境和氛围，提高员工的工作幸福感，并有助于团队专注当下体验，积累创新所需的知识和技能，提高创新行为和创新绩效。

三、团队正念小游戏

以下是一个团队正念提升创新的游戏示例。团队领导者与成员可以在日常的休息时间或团建期间开展这些小游戏以提升团队正念，鼓励成员创新。

游戏名称：创新漫步

游戏规则：

（1）将团队分成小组，每个小组由 3 到 5 名成员组成。

（2）每个小组选择一个场景或问题作为创新的主题。例如，可以是未来的交通方式、环境可持续性、教育改革等。

（3）每个小组在一定的时间内进行创新漫步。创新漫步是一种结合团队正念的活动，旨在激发创造性思维和灵感。

（4）小组成员在规定的时间内，在一个开放的区域内漫步。他们被鼓励保持开放的心态、专注于当前的感知和觉察，并与周围的环境互动。

（5）在漫步过程中，成员可以观察、收集和记录他们看到的、感受到的和想法的创新灵感。这些灵感可以是与所选主题相关的任何想法、概念或解决方案。

（6）在规定的时间结束后，小组成员聚集在一起，分享他们的创新灵感。每个小组成员都有机会分享他们的观察和想法。

（7）在分享过程中，团队成员鼓励倾听和共情，不进行评判或批评。目标是鼓励和支持创新思维，促进创意的融合和发展。

（8）最后，小组可以选择一些最有潜力的创新灵感，进一步探索和发展成为具体的解决方案或行动计划。

通过这个游戏，团队成员可以通过团队正念的实践，培养觉察力、专注力和创造性思维。同时，通过分享和讨论创新灵感，团队成员之间的合作也得到加强，这有助于激发团队的创新能力。

第四章

职场中的集体正念

集体正念的概念

集体正念（collective mindfulness）是指一种辨别与新问题相关的各种细节，并针对这些细节迅速采取行动的集体能力（Weick et al., 1999）。这个概念源自正念的概念，集体正念则将这种注意力和自我觉察扩展到了群体的层面。

具体而言，根据 Weick 和 Sutcliffe 的一系列研究成果（Weick et al., 1999；Weick & Sutcliffe, 2001, 2006, 2011），集体正念被进一步划分为专注于失败、不愿简化解释、对操作敏感、努力保持韧性以及尊重专业知识五个组织层面的相互关联的过程（Vogus & Sutcliffe, 2012；Weick et al., 1999；Weick & Sutcliffe, 2001, 2006, 2011；郑晓明 & 倪丹，2018；诸彦含等，2020）。集体正念中的"专注于失败（preoccupation with failure）"维度指的是集体主动考虑失败的可能性，对失败保持时刻警惕，并将任何失败或未实现的事件视为潜在的更大问题的预示指标。全体成员的共同目标和共享经验，使他们更注重当前的情境和活动，而不是分散注意力或者被过去或未来的事物所困扰。"不愿简化解释（reluctance to simplify interpretations）"维度意味着集体主动质疑公认的事情及前提假设，为识别误区和盲点创造必要的条件。成员更愿意接受新的观念和方法，鼓励创新和不断改进。"对操作敏感（sensitivity to operations）"维度指的是集体创造并保持对当前情景的综合理解。他们了解当前局势、挑战和机会，以更好地适应和应对变化。"努力保持韧性（commitment to resilience）"维度指的是员工和组织为了更好地从意外事件中恢复而不断提升的适应、即兴发挥和学习能力，以便更好地从意外事件中恢复（van Dyck et al., 2005）。在集体层面，集体正念可以推动适应性，使组织更好地适应变化和不断发展。"尊重专业知识（deference to expertise）"维度强调无论正式级别如何，决策应当转移给那些对当前问题最有专业知识的人（Roberts et al., 1994）。由此，在决策过程中，集体努力确保决策全面、公平且明智。基于动态认知过程，Weick 等人提出的这五个方面详尽地阐述了什么是集体正念。上述维度从多个视角帮助组织识别错误与威胁、提供情境化的解释与观点、增强组织的态势感知，并激发组织分析错误和从错误中学习的能力，从而帮助组织更好地处理意外事件（Becke, 2014；郑晓明 & 倪丹，2018）。有关集体正念的核心维度可见图 4.1。

　　相比个体正念，学者对集体正念概念的理解具有更高的一致性（Sutcliffe et al., 2016；Vogus & Sutcliffe, 2012）。自 Weick 等人（1999）将集体正念这一概念引入组织心理学和组织行为学领域，此后的许多研究直接采用了此定义，并开展了一系列的实证研究（Vogus & Sutcliffe, 2012），但也有学者以此为基础发展出独特的理解。例如，Barry 和 Meisiek（2010）认为集体正念指组织和个人敏锐地意识到重要细节或工作中的错误，拥有共享

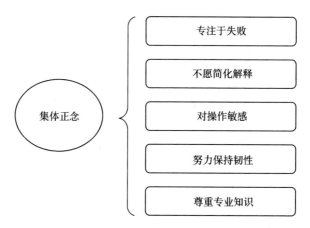

图4.1　集体正念的核心维度

专业知识，能够自由地根据他们所注意到的事情采取行动的能力。此外，Hargadon和Bechky（2006）认为正念描述的是个人分配给特定任务或互动的注意力和努力的量，而集体正念是将个人的想法和经验联系起来，重新定义和解决问题的集体认知。

尽管集体正念同个体正念都强调人们对当下的关注，但集体正念强调的是集体层面基于社会实践的能力（Sutcliffe et al.，2016）。这本质上是一种社会过程（刘生敏 & 信欢欢，2019），因此不能被视为一种个体的心理过程，或是个体层面心理过程的简单聚合（Vogus & Sutcliffe, 2012）。个体正念指导员工对当下体验和事件不加批判地专注和接纳，而集体正念作为参与组织过程的一种方式（Vogus & Sutcliffe, 2012; Weick et al., 1999），倡导组织主动关注潜在风险，并鼓励组织采取行动以适当的方式积极应对新出现的威胁（Bayraktar & Ndubisi, 2014; Sutcliffe et al., 2016）。

总的来说，集体正念不仅能够增强组织对于复杂性和环境的全面理解，同时能够激发组织对环境的探索，积极寻找保持优势的方式（Weick & Sutcliffe, 2001）。集体正念是一项深刻而综合的实践，涉及集体内每个成员的积极参与和不断努力。通过培养这些技能和观念，集体成员能够更好地理解和支持彼此，共同应对挑战，并取得更好的成绩。例如，Ray 等（2011）通过分析 180 所 AACSB（国际商学院协会）认证商学院的 225 份高层管理人员在线调查问卷数据，率先为这一五维度划分提供了证据。Ray 等针对商学院的院长、副院长、助理院长以及系主任四种组织管理人员发放了问卷，问卷题目改编自 Weick 和 Sutcliffe（2001）提到的集体正念的相关陈述。问卷数据的因子分析结果支持了集体正念的五维度划分方式。

什么因素会影响集体正念？

在个体层面，个体正念通过个体的互动形成集体层面的共享认知，从而为集体正念提供补给（Morgeson & Hofmann, 1999），或者通过个体的正念组织过程对组织正念产生正向影响（Vogus & Sutcliffe, 2007；诸彦含等, 2020）。因此，个体正念和集体正念之间存在跨层次的互惠关系（Sutcliffe et al., 2016；诸彦含等，2020）。这种互惠关系使得一些个体正念的影响因素和实践得以通过影响个体正念而间接影响集体正念。例如，针对奥地利护理人员的一项研究发现，员工经验的积累对正念意识水平存在非线性影响（Mitmansgruber et al., 2008）。经验积累早期，获得经验的过程中员工正念水平逐渐提高，而当经验达到一定水平后，经验积累会对正念产生负面影响。与此类似，有研究发现，过度训练会导致完成任务过程当中更容易出现走神等正念减少的情况（Smallwood & Schooler, 2006）。然而，Dane（2013）的研究发现，与经验不足的同事相比，经验丰富的出庭律师更善于将注意力广泛集中在法庭发生的事件上（例如法官、陪审团成员和对方律师的反应），更能够适应和擅长处理法庭上临时发生的事件。即对于律师而言，经验积累对个体正念存在积极作用。

由此，考虑个体正念和集体正念的互惠关系，经验在许多情况下阻碍了员工关注当下，也抑制了进一步的集体正念的形成。然而在少数情况下，经验也可能促进集体正念。由于集体正念并非由个体正念简单加总，而是通过复杂的认知和行为过程聚合而成，因此组织或领导者应当结合具体工作内容和情境，谨慎检查影响的方向、程度和具体形式，以便更高效地实现组织目标。

从领导者的角度来说，领导行为和领导力被认为能够对集体正念带来影响（Sutcliffe et al., 2016）。尤其是领导者的支持和示范对于集体的正念实践至关重要。例如，Madsen 等人（2006）在儿童重症监护病房的情景中研究了不同领导制度对于集体正念的影响。接受过有关高可靠性原则的培训的领导者倾向于实施持续的员工培养，并赋予护理人员权力，支持一线护理员工的自主决策和事后汇报。领导层的这一变化强化了团队互动，使组织成员变得更专注，并提升了集体正念。Klein 等人（2006）在医疗机构开展的研究发现，那些对自身以及下属更有信心的积极领导者（active leader）会更频繁且更有技巧地进行动态授权，从而更好地应对患者的病情。这一发现验证了医疗组织中正念所包含的尊重专业知识维度对绩效的积极作用。Hoy 等人（2006）将正念的概念应用于学校的情景，通过实证研究发现信任能够影响集体正念，特别是在发生意外事件时，教师能够在信任的影响下灵活地协作。此研究指出校长应当采用相对谨慎的方式进行领导，通过承担合理风险、鼓励教师创造等方式影响集体正念。同时，领导者需要了解集体正念的概念和应用，以便有效地支持和引导团队的正念实践。

从成员自身的角度来说，每一个人都应当提高自己对于集体正念实践的参与度。成员的自主意愿和主动性对于集体正念至关重要。员工需要愿意参与集体正念实践，并将其视为提高工作和生活质量的机会。在日常工作过程中，成员要有意识地培养自身的集体正念的技能，以有效地参与集体正念实践。在团队协作中，团队成员之间的协作和互动质量对于集体正念的成功非常重要。开放、尊重和支持性的互动有助于建立积极的正念环境。团队成员可以共享正念体验和技巧，以促进共同学习和增强集体正念。

在组织层面，一系列的人力资源管理实践对于集体正念有重要的影响。积极的社会化（Weick & Roberts, 1993）、主动的团队沟通（Roth et al., 2006）、沟通培训和工作任务分担（McKinney et al., 2005）、工作环境（Barry & Meisiek, 2010）、持续的培训（LaPorte & Consolini, 1991）、广泛的培训（Vogus & Welbourne, 2003）、相互尊重的互动行为（Vogus & Sutcliffe, 2007）以及授权（Roberts et al., 1994）等因素均被证明有助于实现集体正念。Valorinta(2009)通过案例研究分析了信息技术如何对集体正念产生积极或消极的影响。信息技术通过帮助分析问题、提供创新和变革的新工具等方式提升员工的注意力，从而增强集体正念。但与此同时，信息技术也可能通过其常规化、自动化，使员工的工作变得不灵活且难以实施，从而抑制集体正念。McKinney 等人（2005）研究了接受过机组资源管理培训的航空公司机组人员，这些培训包括有效沟通、如何安排和分担工作等方面，他们会在团队沟通和流程中更加注意，从而对集体正念有着积极贡献。

此外，组织的文化和价值观对集体正念往往也会产生深远的影响。如果组织重视识别问题、适应环境、持续创新等，那么集体正念更有可能在此环境中得到进一步的发展和培养。组织在日常工作中的一系列支持也非常重要。例如，在资源分配方面，组织需要提供时间和资源来支持员工参与集体正念实践，包括提供冥想空间、培训课程和指导。在政策和措施方面，一些组织可能需要制定政策和措施，以鼓励员工参与集体正念活动，并确保工作环境有利于集体正念实践。

当然，外部环境的特点也会对集体正念产生一定的影响。比如，外部压力和挑战较大时，会形成一个典型的激烈环境。这会激发集体正念的产生和发展，集体需要适应不断变化的情况，同时保持正念的关注。同时，不同行业和文化对于集体正念的接受程度和实践方式可能不同。

集体正念与绩效

到目前为止，许多研究证明集体正念能够直接预测集体的积极绩效表现。集体正念有助于改善集体成员之间的沟通与协作能力。成员们更能够有效地分享信息、理解彼此的需求，并协调工作以实现共同目标。这种改善的协作有助于提高集体的工作绩效。同时，集体正念可以提高成员们冲突管理和问题解决的技能。由此，集体正念帮助成员们以冷静和平和的态度应对冲突，从而减少冲突对绩效的负面影响，并更快地找到解决问题的方法。集体正念也有助于团队成员更深入地思考和评估决策。通过减少个体偏见和情感干扰，团队更有可能做出明智、全面的决策，这可以提高工作绩效表现。

例如，Nguyen 等人（2020）针对 653 名管理者进行问卷调查，探讨和验证了集体正念对道德行为的积极影响，以及公司的道德准则在其中发挥的调节作用。该研究发现高水平的集体正念和强有力的道德准则相互作用，共同提高道德行为水平。这一实证研究证明了此前 Ruedy 和 Schweitzer（2010）提出的理论观点，即高正念的公司往往更了解其环境，也更注重道德考虑，同时在商业决策中也会更多考虑这些因素。Nguyen 等人（2020）的研究同时发现，道德行为的提高对企业声誉有着积极影响，企业通过遵守道德规范获得客户、员工和公众的更多支持，这些支持最终转化为更好的公司整体业绩。Oliver 等人（2017）通过模拟实验研究高可靠性组织的集体正念与绩效的关系。在实验的 5 周时间内，345 名参与者组成的 43 个团队必须在苛刻的竞争条件下实际生产简单的产品，该实验设置要求团队能够在期限内吸收、解释大量信息，并基于信息采取行动，因此需要团队具有相当的沟通、协调和适应能力。结果表明，集体正念和客观绩效的衡量标准之间存在紧密而显著的关系。该研究指出正念对于追求高风险战略的团队的绩效而言尤其重要。

同时，集体正念能够预测客户满意度和忠诚度（Ndubisi，2012）、资源分配效率（Wilson et al., 2011）、离职率（Vogus et al., 2014）等绩效指标。Ndubisi（2012）关注了集体正念在服务场景中的具体实践方法，结合理论和情境将集体正念拆分为三个具体实践策略，包括服务可靠性（service reliability）、先发制人的冲突管理（pre-emptive conflict handling）和客户导向（customer orientation）。该研究在马来西亚的健康管理中心收集了 423 份来自消费者的调查问卷，分析结果显示集体正念能够通过提升护理和信息两种服务的可靠性，提升先发制人的冲突管理，来提高顾客满意度，以及进而间接影响顾客满意度和顾客忠诚度。与此同时，服务可靠性和先发制人的冲突管理均能提高服务的客户导向，从而提升顾客满意度和忠诚度。Wilson（2011）以 24 名护士长为样本探索护理人员配置和患者治疗效果之间的关系，总结出机智（resourcefulness）、圆滑沟通（tactful communication）、灵活（flexibility）、果断（decisiveness）、全局意识（awareness of the big picture）等五种有效的集体正念实践。Vogus 等人（2014）探讨了特殊单位中正念组织（mindful organizing）的特殊形式——安全组织（safe organizing）——对护士的情绪疲惫和离职率的影响（Sutcliffe et al., 2016）。通过分析来自 1352 名注册护士的调查问卷数据以及调查前一年客观的不良事件发生率等医院系统数据，Vogus 等人（2014）指出安全组织与不良事件发生率较高的单位中的员工情绪耗竭呈负相关，与不良事件发生率较低的单位中的员工情绪耗竭呈正相关；与此同时，随着时间推移，安全组织与较低的单位离职率相关。

此外，高可靠性组织是正念组织的前身，正念理论也为研究组织可靠性提供了一个简洁而值得关注的视角（Butler & Gray, 2006；Ndubisi, 2012）。由于集体正念在概念上被认为是反映组织克服意外事件，并以不确定信息对事态进行掌控的组织认知能力（诸彦含等，2020），特别是对处于危险环境中的组织而言，可靠性与组织绩效息息相关，因此许多研究都关注了集体正念与组织可靠性的关系。Weick 等人（1999）强调一线员工的重要性，指出这些员工最有可能观察到即将出现的问题的早期微弱信号，并由此影响集体正念以及组织可靠性。Vogus 和 Sutcliffe（2007）认为安全文化是通过一线员工的集体正念过程得以体现的，由此同样证明了一线员工的集体正念对组织可靠性有着积极影响。安全文化是共同价值观、态度和行为模式的产物，这些价值观、态度和行为模式决定了所有组织成员为尽量减少护理过程中可能造成的患者伤害而采取的努力程度，被证明能够降低医疗差错的发生率。有效的安全文化依赖于不断收集、分析和传播错误信息以及主动检查组织的生命体征，因此被认为是通过一线员工的集体正念过程实现。具体而言，对于如何提升一线员工对决策的有效作用，Butler 和 Gray（2006）认为既然集体正念要求组织能够有效将发现问题或者潜在的问题解决方法的能力，与做出对组织具有重大意义的决策的能力有效结合，那么授权（Weick et al., 1999）、创建能够使感知和行动进行顺利对接的组织环境，以及采取措施增加高层管理者感知重要信号的能力，都将提升集体正念，从而提高组织可靠性。

集体正念与创新

许多研究已经证实了个体正念的各细分维度对创造力的不同预测作用（Baas et al., 2014），而一些研究也正在尝试探索集体正念与创新之间的关系以及潜在的作用机制。一般而言，集体正念可能会促进集体的创新，这是因为它创造了一个支持开放思考、合作和创造性解决问题的环境。具体而言，集体正念可以在很大程度上鼓励集体成员保持开放的思维和态度，不容易被既定的观念和偏见所束缚。成员们可以更容易接受新观念和不同的观点，即更开放地接受新观念和创新性的解决方案，这有助于创新思维的涌现。换句话说，集体正念可以减少成员们对万事万物的固有看法和偏见，让他们保持开放的心态，愿意接受一些新的观点或尝试不同的方法。这种心态对于创新尤为重要，因为它能够有效地激发成员们更多独特和新颖的想法。当然，集体正念的环境能够鼓励成员们勇于提出新的创意和想法，而不担心批评或否定。成员们更有动力尝试新方法，这是因为他们知道失败不会受到过度批评，而是被视为学习的机会。同时，集体正念有助于提升成员们的专注力和清晰度，即帮助成员们更好地集中注意力，减少分心，从而提高工作效率和思维清晰度。这种状态有助于他们在解决工作问题时更全面地考虑各种可能的创新方案及其可行性。

此外，集体正念也有助于成员们更好地管理情感和焦虑，减少压力和焦虑。情绪上的稳定有助于创造一个更开放和合作的环境，从而有利于成员们产生和共享创新的想法。集体正念也可以帮助成员们获得问题解决能力的技巧。这些技巧有助于他们更有效地识别和解决问题，从而推动创新。而且，成员们能够以冷静、理性和富有洞察力的方式应对挑战和变化，迅速适应新情况，有助于找到新的创新解决方案，进而推动创新。可见，集体正念为创新提供了一个积极的心理和情感环境，有助于激发员工的创造性思维和行动。通过鼓励开放的思考、减少情感干扰、提高问题解决能力以及建立创意和实验的氛围，集体正念可以成为促进创新的有力工具。在组织中实施集体正念可以提高创新项目的成功率，并帮助组织在不断变化的环境中保持竞争力。

到目前为止，学术界已经对集体正念与创新之间的关系进行了一系列的探索工作。例如，Vogus 和 Welbourne（2003）关注在高危险环境中运营的组织，使用 184 家软件公司作为样本进行实证研究。研究验证了企业的人力资源实践能够通过启用和依赖"不愿简化解释、对操作敏感以及努力保持韧性"这三个集体正念的认知子过程影响创新强度，从而促进创新。Oeij 等人（2022）的研究通过组织正念的直接和间接关系，来调查正念组织基础设施与员工革新之间未被充分探索的关系，并且通过对荷兰物流公司的 115 名经理或所有者进行的一项调查研究了这一点。结果表明，员工革新与支持性领导和组织正念的存在呈正相关。这些发现表明，组织应促进团队发言和支持性领导行为，以及组织正念，以成功实现员工革新的产生，保持创新和竞争力。Oredo 和 Njihia（2015）的研究认为集体正念能够使组织在整个创新过程中做出更高质量的决策，从而促进创新。该研究结合云计算的理论框架指出，由于集体正念高的组织更倾向于根据其组织事实和具体情况做出创新决策，因此集体正念更高的组织将拥有更高的创新质量。Elbanna 和 Murray（2009）的研究指出信息系统支持通过促进集体正念的形成影响业务创新。该研究组织了 12 次非结构化的深入访谈，受访者包括外部顾问、项目经理、项目成员、部门经理等不同角色。该研究指出信息系统支持了项目实践，使得组织有机会创造集体正念，而集体正念能够保持员工对业务运营和需求的敏感与警惕，从而促进业务创新和解决方案交付。Wolf 等人（2009）基于对 300 家（北美 200 家、欧洲 100 家）金融服务提供商的 IT 决策者的问卷调查研究，验证了集体正念在环境动荡的背景下，能够减少信息系统同化过程中的不确定性和错误，进而有助于创新。Fichman 等人（2014）的理论文章指出，缺乏集体正念可能导致组织倾向于追随当前的创新潮流，而不考虑这种创新在多大程度上对组织是有益的，因此导致组织的资源分配方案和其在信息技术创新方面的领导程度的错配，而错配程度较大的公司由于正念水平更低，对资源的关注不足，相对来说也更不容易有效地利用他们所拥有的创新资源。由此，缺乏集体正念可能影响组织对创新资源的配置和利用。

然而，也有一些研究表明集体正念对于创新的影响是较为复杂的。例如，Sullivan 和 Yang（2016）基于组织注意力和组织学习理论，使用中国企业样本研究了集体正念对不同类型企业的创新的差异化影响。研究结果显示，虽然组织正念与新颖性较低的创新呈正相关，但组织正念与新颖性较高的企业创新之间存在倒"U"形关系。因此集体正念对关注当前和多个周围因素的连通性的强调，可能导致组织正念对新颖性高或低的创新分别产生不同的影响。

集体正念的其他作用

不同学者关注了集体正念对集体繁荣和亲社会性（Wu & Chen，2019）、问题解决能力（Dierynck et al.，2017）、团队弹性和危机响应能力（Fraher et al.，2017）、企业信息系统支持（Khan et al.，2013）以及其他许多方面的积极作用。

具体而言，Wu 和 Chen(2019) 基于社会学习理论和资源保护理论，探讨了酒店工作场所的真实型领导、集体正念、集体繁荣（collective thriving）和亲社会性之间的关系，强调集体正念在一定程度上调节了真实型领导和集体繁荣之间的关系。实证分析结果显示，真实型领导与集体正念、集体繁荣呈正相关，集体正念与集体繁荣呈正相关，集体繁荣与亲社会性呈正相关。Dierynck 等人（2017）认为集体正念能够为护理团队提供必要的认知基础，从而增强对工作流程、安全规定以及两者如何结合的情境意识，保障护理团队的职业安全。此外，护理团队持有开放和非批判的态度，也能够促使护理团队结合专业知识寻找更本质的结构性解决方案，而不是选择快速的解决方案。Fraher 等人（2017）通过美国海豹突击队的案例研究，验证了集体正念对极端环境中的团队弹性和危机响应能力的积极作用。Khan 等人（2013）在高层管理人员中检验了集体正念对企业信息系统支持情况的影响，发现领导层的集体正念能够预测对企业中的信息系统运营的关注和支持。此研究发现，高层管理人员对信息系统功能的更大兴趣，以及对信息系统对组织重要性的更多了解，激发其对信息系统价值及其问题风险的更多认识。为了实现价值并避免可能发生的问题，高层管理人员通过提供支持促进专注于失败、不愿简化解释、对操作敏感、努力保持韧性和尊重专业知识等五个正念的具体维度。Tobias Mortlock 等人（2022）在军队情境下开展的干预研究，采用混合方法设计，通过民族志、文本分析和摄像跟踪等方法，证明了集体正念在提高压力管理、解决意外困难等方面的积极作用。Rerup（2009）基于注意力的视角使用纵向定性数据研究组织如何从危机中学习。该研究指出，通过纪律和集体正念，组织不仅能够改善用于理解环境中各类问题的信息库，还可以改进用于检测新出现的问题和危机并从中学习可用的行动方案，从而更有效地应对危机。

第五章

正念领导力

什么是正念领导力？

一、现实背景

在如今这个充斥着挑战和变化的世界中，组织和公司内部的领导者面临着前所未有的压力和责任。全球化、技术革命和数字化转型等因素带来了迅速且深远的变革，已经将我们推向了一个崭新的时代，许多人称之为"乌卡时代"。乌卡即 volatility（易变性）、uncertainty（不确定性）、complexity（复杂性）、ambiguity（模糊性）首字母的缩写（VUCA）。乌卡时代是一个带有现代气息的词，在这样一个世界里，节奏快速、高度复杂的全球化和信息爆炸是其最为显著的特征。在这样的时代中，领导者需要以全新的眼光来看待领导力，并寻求适应变化的方式。

在大数据时代，数字化带来的个体之间的密切交流与个体的迅速发展对各个行业和领域都产生了巨大的影响。传统的商业模式已被打破，创新和灵活地适应这个环境成为企业生存的关键。在这个全新的环境中，领导者需要具备足够的能力，包括洞察力、敏锐的思维力和迅速适应变化的能力。然而，仅仅依靠高精尖的技术和快人一步的战略已经不足以应对当前时代的挑战。在乌卡时代，我们需要一种特别的、先进的也很有效的领导力，即正念领导力。这是指在高度复杂和变化的环境中，以正念的方式和心态引导团队和组织。正念是一种基于觉知和正向心理状态的力量，能够帮助我们缓解压力，应对压力，保持头脑清醒，并以明智的方式做出决策。正念领导力强调领导者对内在自我意识的培养，以及对外部环境的敏感度和灵活性。

在乌卡时代，领导者还面临信息过载、复杂性的挑战。他们需要不断地适应行业中涌现的新技术和商业模式，同时应对全球化带来的文化差异和不确定性。在如此复杂且沉重的压力环境中，正念领导力可以为领导者提供稳定的心态和客观思考的能力。通过正念实践，领导者可以培养内在的稳定感和平静，从而更好地应对挑战，并为团队提供指导和支持。不仅如此，从人文关怀的角度，正念领导力还可以提升领导者的沟通和关怀能力。在乌卡时代，团队和组织更加注重员工心理健康方面的问题。在多元文化冲撞和融合的当下，领导者需要能够理解和尊重不同的文化背景，并需要学会接纳其带来的不同价值观和意见。正念领导力可以帮助领导者培养同理心和开放性，促进有效的沟通和合作，从而增强团队的凝聚力。不仅如此，正念也可以帮助领导者在面对高压环境带来的心理健康问题时，建立预防措施与善后办法。

无论你是企业高管、团队领导者还是对个人发展感兴趣的人，践行正念领导力都将为你提供有价值的见解和实用的管理工具，帮助你成为给组织带来高效益、高效率的正念领导者。

二、正念领导力的概念

正念领导力基于正念理论，主要强调领导者在思维、情绪和行为上都要具有正念心态的觉察能力和意识，同时也要做到对员工和组织环境的密切和深度关注。它要求领导者将正念的核心原理应用于领导过程中，从而帮助领导者更好地管理自己的内在状态，增强领导者潜在的决策力、创造力和影响力，进而创造一个支持和鼓励员工发展与创新的组织文化。正念领导力的理念起源于传统的正念实践，旨在保证每个个体的意识能够完全存在于自身和社会，同时学会感受和接受当前的经验。在正念领导力的帮助下，领导者被鼓励在工作中保持专注和全神贯注的态度，不被过去的遗憾或未来的担忧所困扰，不因外界的刺激和繁杂分心，正所谓"不以物喜，不以己悲"。正念领导力帮助领导者和下属都培养一种开放、无判断和非反应性的心态，从而以更客观、全面的视角来处理问题和做出决策。

正念领导力也强调领导者对自己内心世界的觉察，包括情绪、反应和思维模式。正念领导力就像是一面镜子，帮助领导者更清晰且直观地看到自己内心的感受、反应和想法。通过正念的实践，领导者需要学会观察和接纳自己的情绪，而不是被情绪所驱使。这种能力有助于他们在面对内部竞争和外部威胁带来的挑战和压力时保持冷静和理性，以更灵活、高效的方式应对问题。另外，正念领导者还会反思自己的行为和决策。他们通过不断提升自我意识，来实现个人成长和进步。除了自我觉察，正念领导者还很关心在生活中与他人的共情以及情感联系。通过倾听、关怀和共情，领导者能够和员工建立起互相尊重和信任的关系。由此，他们能够真正理解员工的需求和意愿，并根据这些理解来激励和支持他们的发展。此外，正念领导者倡导团队合作和参与，鼓励员工积极参与、发挥创造力，并共同追求组织的成功。同时，正念领导力还强调个人责任和道德价值观。通过自身的榜样作用，正念领导者引领组织朝着可持续的方向发展，成为道德的典范和组织文化的引导者。

过去，人们认为正念领导力是情绪智力的一种表现。它可以帮助领导者培养情绪的自我调节和表达的能力，同时也可以促进领导者与他人建立情感连接。此外，正念领导力也被解释为一种有效的领导能力，能够提高领导者的专注力、注意力和做出更有效的决策。它被视为一种能够帮助领导者在快节奏和高压力的工作环境中保持平衡和稳定的工具，可以帮助公司和组织实现平稳发展。

学术文献中关于正念领导力的定义的范围十分广泛，其中大部分都具有共同性，例如 Bishop 等人（2004）发现大多数定义都包括两个关键要素——关注和接纳。但不同的研究者对正念领导力的定义也会有差异。例如，Wibowo 与 Paramita（2022）在研究中将正念领导力定义为领导者对外部和内部当前状态、事件和对体验的接纳性关注与意识。Yu（2023）则在研究中将正念领导力定义为一种关注组织中员工绩效和福祉的领导风格。

正念领导力的应用范围广泛，不仅适用于商业领域，还适用于政府、教育、医疗等各个领域。它已经在很多组织中得到应用和推广，被证明能够改善领导者的绩效和员工的工作满意度。正念领导力也被认为是未来领导力的趋势之一，随着人们对身心健康和幸福感的重视，越来越多的领导者开始探索和应用正念原则来提升领导效能。

总而言之，正念领导力是一种基于正念原则的领导方式，通过觉察、接纳和非判断性的态度，帮助领导者和组织实现全面发展、高效执行和积极影响力等几个目标。它强调领导者的内在觉察和意识，以及对员工和组织环境的深度关注，对其清晰了解并加以管理和改善。正念领导力为领导者提供了一种平衡和稳定的方式来应对挑战和压力，同时创造支持员工发展和创新的文化。随着正念领导力的不断发展和应用，它将主导未来的领导实践发展道路。

三、正念领导力与其他相关概念

1. 变革型领导力

变革型领导力（transformational leadership）是要求领导者通过激起员工的情感共鸣来激发员工的内在动力和潜力。变革型领导者通常需要为员工设置明确的目标和支持，分享自己的远见来引起员工对共同目标的动力。同时，变革型领导者也会通过展现个人魅力来激发员工的情感共鸣，并且会关注员工长期的发展，达到提高员工的总绩效的目的。

正念领导力以正念为基础，提倡领导者充分投入到当下和员工的互动体验，并且以包容且无批判的方式接纳员工和当下的环境。全神贯注于员工与互动可以帮助领导者及时观察到周围的情况、需求、变化等。同时，对当下和员工接纳性的态度提高了领导者对自身和他人（员工）的包容性，可以以平和的方式面对，由此更能创造出健康和谐的工作环境。正念领导力的实践会促进领导者的自省和内在的觉察，从而更加了解自身的情感、需求、想法和行为等。通过加强对自身内在的认知，正念型领导者可以更好地了解员工的内心的需求。此外，由于正念要求领导者对周围环境的高度关注，而变革型领导者拥有高瞻远瞩的能力，正念型领导者会比变革型领导者更难在危机中预测后续情况等。由此可见，正念领导力和变革型领导力在影响员工的具体方式和方法上存在明显的不同。正念领导力更关注提高领导者个人的能力，如自省和觉知等，而变革型领导力更鼓励领导者带领整个团队进行变革和发展。

变革型领导力中重要的一部分是领导者通过展现自身的魅力和远见来激发员工的共鸣，所以领导者需要充分了解自身的价值观、情绪和偏好等。这些自我了解需要领导者有着强大的自我觉知和反省能力才能实现。正念领导力恰恰强调了领导者需要提高对内在的觉察和反省，从而更加了解自身的想法和行为。另外，变革型领导者需要具备情绪智力。也就是说，变革型领导者在分享自己的远见、树立目标、提供支持和变革行动时，拥有情绪智力可以帮助领导者充分理解员工的反应和行为，从而更好地与员工进行沟通和处理相应的矛盾。类似地,正念领导力以正念为基础提高了领导者的专注力和包容性,从而促进了领导者的情绪智力,让他们在面对挑战时能够保持冷静和专注。此外,无论在正念领导力还是变革型领导力中,开放的沟通都是不可或缺的一部分。对于变革型领导者来说,开放的沟通可以帮助领导者及时了解员工的想法和行为,进而提供更好的支持或者进行相应的目标修改等。而正念领导力帮助领导者通过提高专注力和包容性达到更高效的沟通。

2. 共情型领导力

共情型领导力(empathetic leadership)反映的是领导者具备同理心、情绪智力和情感共鸣。共情型领导力强调领导者在和员工相处的过程中能够意识到员工的情绪变化,理解员工的情绪反应,并且及时为员工提供安慰和帮助。共情型领导者善用同理心语言和情感支持让员工感受到被理解和关心,从而促进员工正面的工作行为。

共情型领导者通常把关注点放在员工的体验上,与员工有着良好的情感连接,并给予语言上的鼓励来提高员工的自信和工作效率。相比之下,正念型领导者会更专注于自身效能的提高专注力和情绪智力等。此外,共情型领导力强调领导者关心和理解他人,从而让员工感受到关爱和帮助。正念领导力则是帮助领导者更好地理解自己,从而更冷静地控制自己的负面情绪和行为,来减少员工感受到的来自上级的负面影响。并且,由于正念领导力促进了领导者对于周围(例如环境)的关注度,正念型领导者能够更敏锐地意识到周遭的变化，如新增的需求和危机的出现等。而共情型领导者则更专注于对人的理解，相较于正念型领导者会更难察觉到环境的变化。

需要指出的是，共情型领导者能够及时察觉并且抚慰员工的情绪变化和反应。类似地，正念型领导者往往都对员工有着很强的包容心，并且由于对内在自我觉知的提高，正念型领导者更能理解和接纳员工的负面情绪。由此可见，正念领导力和共情型领导力都强调领导者关心员工的情感需求和提高员工的心理健康。共情型领导者通常十分关心员工的情感需求，并且和员工都有着较好的情感联系，由此更能和员工进行良好的沟通，并耐心聆听员工的需求。而通过正念实践，正念型领导者面对沟通和问题时能够控制自己的负面情绪，并且保持冷静的状态和高度的关注。在这种情况下，即使与员工沟通困难和挑战，正念型领导者也能够冷静倾听和思考，从而提升沟通效率。两种类型的领导者都能够积极地倾听员工的意见和反馈，与员工进行有效沟通，并平和地处理沟通中的问题。

3. 交易型领导力

交易型领导力（transactional leadership）强调领导者和员工之间明确的契约关系。交易型领导者通常会和员工表明目标和预期，并且通过协商来设置奖惩标准，以刺激员工绩效增长。也就是说，当员工完成特定任务或目标后，领导者会根据结果给予员工相应的奖励或惩罚。

由于契约关系是交易型领导力的关键，领导者会更注重目标设定、任务分配、绩效评估以及奖惩设置。而正念型领导力更关注领导者自身的情绪智力和意识觉察，强调包容接纳的重要性。此外，交易型领导力需要领导者明确与员工之间的契约关系，并且十分依赖奖惩制度。换句话说，当员工实现预期目标时，交易型领导者会提供外部奖励，如奖金和薪水等，以表彰和鼓励员工的工作表现。相反，如果员工未能完成任务或未达到预期结果，则会面临惩罚或制裁。在此制度之下，奖惩会很好地刺激员工有动力完成目标和任务预期。相比之下，正念型领导者则更关注自己能力的提高（如自我觉察、平和的包容性及对当下的关注度）来减少对员工的负面影响（如面对员工出现问题时，仍然保持冷静的态度），以此来促进员工内心积极的意愿和动力。同时，交易型领导力会建立一种交易关系，也就是员工履行（或未履行）任务后获得奖励（或接受惩罚），而领导者则期望由此得到员工对任务的忠诚和服从。而正念领导力强调领导者与员工之间的情感关系，通常领导者会关怀和共情员工。

无论是正念型领导者还是交易型领导，领导者都需专注于完成任务，以及与员工之间的互动。交易型领导者通过设置明确的目标、预期来实现目标，同时需要通过与员工的协商来设置相应的奖惩制度。类似地，正念型领导者高度关注当下的体验（如完成任务等），并且提高自身的情绪智力来意识和理解员工的情绪、态度和行为等。此外，无论何种领导风格，领导者都需要通过影响力来激励员工，让他们愿意为实现组织的目标而付出努力。交易型领导者通过明确的契约关系来影响和刺激员工的动力，而正念型领导者则是通过提高自身来减少员工受到的负面影响。

4. 领导者—成员交换

领导者—成员交换（leader-member exchange）强调领导者和团队内成员形成的一对一关系。领导者并不是对所有的团队成员一视同仁，而是会根据成员的各方面特点（如能力、忠诚度等）分为内圈和外圈。被划分为内圈的成员会得到领导者更多的关注、信任和资源等，外圈的成员得到的则较少。

当领导者与下属构建了不同水平的领导者—成员交换关系时，也就意味着领导者与成员建立了不同的交换关系来达到提高绩效的目的，而正念型领导者则通过提高自身的能力来促进与成员更高效的相处和沟通，从而进一步提高总体的绩效。此外，领导者—成员交换型的领导者更关心与内圈成员建立良好关系和为他们提供更好的个性化资源。相比之下，正念型领导者则更注重提高自我觉察、无批判的接纳和对周围的高度关注。

无论是领导者—成员交换型的领导者还是正念型领导者，都需要学会理解自己的情绪和行为，同时意识到员工的态度、情绪以及行为。领导者—成员交换型领导者需要更加了解自己以及员工的态度和行为以更好地设置内圈和外圈的员工。而正念型领导者则需要通过提高自我觉察以及接纳态度，来更好地意识和理解员工的情绪和行为。

四、正念领导力案例

1. 法国梅村佛教寺院高级佛学院的正念领导力实践

Burmansah 等人（2020）在佛教高等教育机构法国梅村佛教寺院高级佛学院中有过对正念领导力的实践的研究。由于该学院以佛教的思想为基础，领导者们被要求进行更加深入的自我反省和正念训练，进而能够更敏感地关注自己、他人以及周围的环境。在这样独特的学习环境里，领导者们可以通过冥想和内观的方式，提升正念水平，增强内在的领导力。研究发现，正念型领导者不仅对全球问题抱有同情心，也能保持开放的态度。长期练习正念可以帮助领导者在与他人的相处时更加开放自己。领导者能够同情和关注员工，进而更好地理解他们。提高这种同情心的能力意味着领导者能够不加评判、不责备、不歧视地倾听。同时，正念领导力可以提高领导者的注意力，使其更加专注和清晰。领导者内心的清晰可以带来平静与安宁，而这对于应对现有状况有着重大影响。通过冷静的思考，领导者会对情况更加明确，并在一定程度上提高自身创造力。这种情况帮助领导者认识到正在发生的事情，并进一步决定做什么。而这一决定又促进了领导者对情况做出反应。此外，正念型领导者注重行动和内部环境，而不是知识质量。领导者内在状态的发展与每个人的行为和情绪状态有关。领导者在发表意见和决策过程中、在个人和集体意见表达和决策过程中提供民主性的展现，会增强其领导力的有效性，并培养领导者的基本行为。总的来说，该佛学院的正念领导力实践显著提升了领导者的同情心、专注力和内在清晰度等方面。此外，研究展现了正念领导力不仅有助于提高领导者在应对变革和不确定情况时的能力，同时也为其他组织和领导者树立了一个良好的榜样，鼓励他们在领导和变革的过程中融入正念的理念。

2. 安泰保险（Aetna）董事长兼首席执行官马克·贝尔托里尼施行的正念领导力

马克·贝尔托里尼（Mark Bertolini）是安泰保险的首席执行官，他在工作中运用了正念领导力的方法，这让他在工作上更加具有同情心。

2010 年，马克成为首席执行官时，他发现公司每天都在亏损。为了让公司重返辉煌，马克开始在公司内部走动，观察情况。不仅如此，马克还和各个职位、层级的员工面对面交流，发现许多员工都面临着困难，并且情绪和心态都很消极。而在此之前，许多员工的想法和困难都无法被高层的领导所知晓或察觉，也很难被抚慰并且解决问题。在马克实践了正念领导力之后，他更加关注当下和周围的环境，达到更加平和的包容，并且也更能与员工共情，所以很快意识和并接纳了员工的想法和需求，并采取了相应的行动。

在他的领导下，安泰保险开始了变革，并强调同情心和同理心的重要性。他提倡员工关心彼此，去做一些有益的事情。此外，他也提倡关注员工的健康和保健。他鼓励员工参加一些冥想、瑜伽、睡眠、饮食和营养方面的活动和课程。此外，他还决定主动提高公司的最低工资，虽然这导致了成本的增加，但他认为这是值得的，因为优秀的员工是公司最宝贵的财富。

最终，马克的决策和实践给公司带来了显著的变化。公司总共投资了 7500 万美元，其中包括提高最低工资等各项措施。这个投资却最终获得了十倍的回报，因为员工们的工作效率和满意度都得到了显著提升。截至 2024 年 10 月，安泰保险的股价已经从马克上任时的 30 美元上涨到了每股 200 多美元。

这个案例表明，正念领导力不仅可以改善员工的工作体验和幸福感，还能对公司的业绩产生积极影响。通过关心员工的需求和情感，以及鼓励健康和积极的生活方式，领导者可以创造一个更加融洽和高效的工作环境，从而推动公司的发展和成功。

如何培养正念领导力？

在现代瞬息万变的商业环境中，管理者面临外界的威胁和行业内的竞争与内卷所带来的前所未有的挑战和压力。在这个竞争激烈的世界中，正念领导力对塑造成功组织举足轻重。正念领导力不仅关乎公司业绩的提升，更对员工的幸福感和团队的凝聚力至关重要。在这样一个以人为本的管理时代，培养管理者的正念领导力成为治理公司的有效方式之一。

在接下来的讨论中，我们将强调五个关键方面（图 5.1），从而帮助管理者培养正念领导力。

图5.1　如何培养管理者的正念领导力

　　首先，坚持初衷，它是正念领导力的重要基石。领导者需要时刻铭记自己的使命和价值观，以此为引导，保持恒定的动力，推动团队朝着共同的目标前进。其次，富有洞察力也是培养正念领导力的关键一环。领导者需要培养敏锐的观察力和洞察力，及时发现机遇和潜在问题。通过这种真实的洞察，他们能够更好地了解员工需求，做出明智决策，推动组织的创新和变革。再次，正念领导力也要求管理者勇于迎接挑战。挑战是成长的催化剂，领导者应以积极的态度对待逆境，从挑战中获取经验教训，不断完善自身，并激励团队持续进步。此外，则是换位思考，它在正念领导力中同样至关重要。领导者需善于站在他人的角度思考问题，体察员工的需求和情感，建立更紧密的沟通与合作。通过换位思考，领导者能够创造更富有共鸣的领导方式，加强团队凝聚力。最后，建立联系是培养正念领导力的精髓。管理者应该在团队内营造积极的工作氛围，建立信任和引起共鸣，激发员工的潜能。通过积极的沟通和互动，管理者能够更好地理解团队成员，协调资源，实现共同目标。

一、坚持初衷

培养正念领导力是一项需要深入思考和积极实践的过程，其中坚持初衷是至关重要的一部分。正念领导者需要明确自己的初衷和目标。一个正念领导者应该清楚自己为什么要领导，即想要达成的目标，以及希望通过领导实现什么样的影响和改变。这种初衷将成为正念领导力的内在动力，帮助领导者在面对困难和挑战时保持冷静、坚定和目标导向。通过坚持初衷，领导者能够保持内心的稳定和目标的清晰，从而更好地引导团队朝着正确的方向前进。下面我们将从不同的角度探讨如何培养正念领导力并坚持初衷。

首先，领导者需要明确自己的初衷，明确使命和价值观。使命和价值观是领导者坚持初衷的内在支撑，它们能够激励领导者在面对挑战和困难时保持积极向上的态度，坚定地朝着目标努力。这也能让领导者不论在什么情况下都能保持不忘初衷。其次，正念领导者要向下属展现榜样力量。正念领导者应该通过自身的行动和表现，成为团队成员的榜样。展现出自己坚定的内心、刻行的初衷，能够影响他人，激励他们也去坚持初衷，共同努力实现团队的目标。不忘初心方得始终，保持初衷不仅是正念领导力必需的，也是成功的人生必不可少的。

二、富有洞察力

在培养正念领导力的过程中，洞察力也是至关重要的一环。

洞察力是正念领导力的核心元素之一。通过洞察自己，领导者可以更好地了解自己；通过洞察外界，领导者可以更好地了解和感受团队成员和组织环境。

　　培养洞察力的第一步是要洞察自己，要对自己有深刻的认识。在正念实践中，领导者应该静下心来，专注思考来彻底明确自己的价值观、信念、优点和缺点。通过定期的自我反思和冥想，领导者可以深入了解自己的情感、想法和行为，做到很好地洞察自己。第二步是洞察力要建立在倾听和共情的基础之上。领导者应该学会倾听团队成员的意见和想法，了解他们的需求和感受。通过共情，领导者能够更好地理解团队成员的情绪和动机，从而更好地引导和支持他们。不仅如此，洞察力还包括对组织环境的敏感觉察。领导者应该密切关注外部和内部环境的变化，了解市场趋势、竞争状况以及员工的需求和反馈。通过持续的观察，领导者可以做出更明智的决策并调整领导策略。

　　洞察力使领导者能够更好地预见未来的趋势和变化。他们可以利用这种能力来推动组织的创新和变革，为团队和组织创造更多机会和竞争优势。在实践中，培养洞察力需要时间和努力。领导者可以通过冥想、反思、倾听和学习来不断提升自己的洞察力水平。正念领导力不仅能够促进个人的成长，还能够影响整个团队和组织的积极发展。

三、迎接挑战

　　学会如何更好地迎接挑战是每一名正念型领导者都需要掌握

的能力。在发展正念领导力的过程中，领导者不仅会面对工作任务中的困难和险境，也会遇到人际关系上的困惑和阻碍。而正念型领导者在面对这些挑战和变化时，仍然需要保持镇定、冷静地思考、积极地面对、适应并且适当地接纳。领导者在正念中学会的技能如自我觉察、情绪管理和适应性思维，都会帮助他们更好地迎接挑战。

首先，拥有自我觉察的能力是领导者培养正念领导力的重要基础。正念要求个体关注当下的内心世界，由此可以帮助领导者更加了解自己的内心需求、情绪变化、思维方式。当面对挑战时，正念型领导者应该更准确地识别和管理自己当下的情绪反应与想法，从而更好地应对挑战带来的负面情绪和对内心想法的影响。其次，接纳当下（包括困难和挑战）也是正念领导力的重要组成部分之一。当进行正念实践时，领导者被要求接纳自己的内心世界，无论是正面还是负面的情绪和想法。意识到它们时，领导者不能强行校正它们，而是平和地面对和接受。由此，当正念型领导者遇到挑战时，应该直面和接受它，并且找到相应的解决方法，而不是选择逃避或者跳过困难。通过接纳当下的挑战，领导者不仅可以减少挑战导致的情绪负担，也可以更好地制定对应的策略。此外，正念领导力也要求领导者专注当下。在正念中，领导者需要专注于当下周围的环境和自己的内心世界，从而不被琐碎的事情所影响。迎接挑战时，领导者应该更加专注于当下面临的困境，而不被其他杂乱或不相干的事情所干扰。在专注的精神世界里，领导者不用过多担忧未来可能发生的事情，把重心都放在解决当下的问题的计划和行动上。培养正念领导力中的迎接挑战部分需要领导者耗费大量的时间不断进行实践。通过正念练习培养自我觉察、接纳当下以及专注当下的能力，领导者可以更好地应对挑战，保持冷静和自信，带领团队走向成功。

四、换位思考

在正念领导力中，换位思考是领导者需要掌握的重要能力之一。换位思考帮助领导者更好地设身处地理解他人的观点、情绪、变化和需求，从而更有效地与对方进行交流与合作。在日常的工作中，和他人意见不一致是每位领导者都会面临的问题。学会换位思考可以帮助领导者站在别人的角度，更好地理解他们产生想法或行为的原因，与不同想法的人更好地沟通和解决问题。

要学会换位思考，首先，意识觉察作为正念领导力的重要部分之一，可以帮助领导者更好地了解自己和他人。通过日常的正念练习（如冥想），领导者可以在沉浸式的专注中观察自己和周围的环境，更清楚地认识自己的思维模式、情感反应、偏见，觉察周围环境的变化。由此，领导者可以摒弃自己的偏见，更好地理解他人想法为何与自己不同以及可能的原因，从而更容易换位思考。其次，正念领导力要求领导者平和地、无批判地接纳当下。也就是说，当领导者在与他人相处时，应该摒弃刻板印象以及偏见，从而做到对他人的想法和行为不指责、不批判。由此，领导者可以以更客观的心态进行换位思考。此外，耐心的倾听以及共情也可以帮助领导者提高换位思考的能力。在和他人交往时，领导者应该做到全神贯注倾听，不急于打断对方，同时注意对方的肢体语言和面部表情，从而更好地理解他人的观点或需求。在与他人互动时，领导者也应该积极意识到对方的情感和情绪，站在对方的处境思考，并在情感上与对方产生共鸣。

培养正念领导力中换位思考的能力，领导者不仅需要对自身和他人的了解，还需要自身包容的心态和同理心。只要领导者有心培养这一技能，就可以与他人相处更加融洽并做出更好的决断。

五、建立联系

建立联系是正念领导力不可或缺的部分，它要求领导者与他人建立深刻且真诚的关系，从而促进互相的理解、信任以及互动。与他人的联系是否和睦有时候会关系到一个任务的成败、职场里的处境等，所以与他人建立良好的联系是正念型领导者必须学会的技能。

首先，正念要求个体以包容的心态接纳当下，而这在人际关系中也十分重要。在与他人相处中，接纳意味着领导者需要尊重和接纳他人的不同，如性格、文化和背景等，进而创造一种包容和轻松的氛围。在这种开明包容的环境中，领导者更容易与他人建立联系。其次，对他人真诚的关心也会促进和他人之间的联系。领导者可以通过询问他人的近况、了解他们的想法或处境等，表现出自己真诚的关心。例如，当他人需要帮助时，可以主动询问是否需要自己的帮助。或者当他人换了新造型时，可以真心地夸赞。诸如此类的关心都很容易让他人产生好感，进而更容易与他人建立联系。再次，定期的交流和反馈也是领导者与他人建立联系的良好途径。领导者可以与他人保持定期的沟通，不只局限于工作，更可以涉及日常生活的各方面，进而拉近与他人的距离。最后，定期给予他人工作上的反馈，如赞扬或者指出不足之处，都可以让别人感受到领导者对自己的重视，促进双方之间的联系。

通过建立联系，领导者能够更深入地理解团队成员并建立积极的互动关系，从而在正念领导力的基础上实现更有效的领导。

正念领导力在组织变革中的作用

在乌卡时代的商业环境中，组织变革是每个组织都会经常面对的情况。无论是因为市场竞争压力、技术创新或者其他外部或内部的因素，组织变革都能帮助企业面对新的挑战，抓住重要的机遇。然而，组织变革并不总是一帆风顺，时常有许多问题滋生，包括员工抵制、沟通不畅和文化冲突等。正念领导力也许可以帮助领导者解决此类问题，引导和促进组织变革。接下来，我们将探讨正念领导力在组织变革中的重要作用。

正念领导力对于组织变革来说不可或缺。在组织变革的过程中，员工的积极参与和对领导者的支持是至关重要的。在一个重大变革的初期，员工往往抗拒改变，更想要安于现状。正念领导力可以帮助员工从一开始抗拒改变、消极抵抗的态度转变为积极参与的态度。通过正念的核心理念，即关注当下、接受当前的现实，正念型领导者可以帮助员工逐步意识到变革的必要性以及潜在的机遇，从而鼓励他们积极参与并接受新的改变。通过正念实践，员工也可以更好地处理变革带来的工作压力和不确定性，从而更好地投身于变革的过程中。

沟通不畅和冲突是组织变革的主要障碍之一。针对这个问题，正念领导力强调领导者在工作环境中推行开放、透明和尊重的沟通方式。正念型领导者需要倾听员工观点并加以关切，鼓励员工敞开心扉地表达意见。这种开放的沟通风格能够帮助减少变革过程中的误解和困惑，改善沟通质量，从而为变革创造更有利的环境。此外，正念领导力还能够帮助领导者解决正面冲突，通过积极倾听和理解不同观点，劝解各方，从冲突转变成寻求共同的解决方案。

组织变革需要组织成员积极适应变化，并且敢于面对风险。通过持续审视、深入思考和关注变化，正念型领导者可以引导组织成员的心态，向更积极的态度转变。正念也有助于员工更好地认识变化的必要性，从而更愿意积极参与变革。同时，正念领导力有助于创造一种学习型的组织文化。在正念的引导下，员工和领导者都更愿意从失败和挫折中汲取教训，不断改进和提升自身。这种学习型文化可以使组织更具适应性，能够更快速地适应变革带来的变化。

变革过程中最为关键的一点便是创新能力，正念领导力有助于提升创新和适应能力，这对于组织在快速变化的环境中取得成功至关重要。正念型领导者鼓励员工以开放的心态探索新的想法和解决方案。正念的实践有助于扩展思维的边界，鼓励员工从不同的角度审视问题，从而激发创新思维。正念型领导者可以为员工提供一个安全的环境，鼓励他们提出新的想法和解决方案，推动组织创新的发展。正念领导风格的实践可以鼓励员工产生想法，提高创造力，减少思维定式，从而帮助组织更好地应对变革带来的挑战。

此外，正念领导力还有助于塑造积极、开放和支持性的组织文化。正念型领导者通过自身的榜样作用，传递积极的情感和态度，鼓励员工相互支持和合作。这种正向的组织文化有助于减少变革中可能由于偏见和情绪引发的冲突，同时也能增强员工的归属感和参与度。

正念领导力不仅影响员工，还对领导者自身产生积极影响。正念实践可以增强领导者的自我意识，帮助他们更好地理解自己的情感、思想和行为。这种自我意识有助于领导者更好地应对变革中的挑战和压力，从而更好地带领组织前进。不仅如此，正念领导力还能够为领导者提供更有效的应对变革挑战的工具和策略。正念的实践有助于提升领导者的情绪智力和应变能力，使他们能够在压力下保持冷静和平衡。在变革过程的关键时刻，正念型领导者能够更好地处理复杂的情绪和压力，制定出更明智的决策。

可见，正念领导力在组织变革中扮演着重要而积极的角色。通过促进员工参与、改善沟通、培养变革准备状态、促进创新、塑造积极文化以及强化领导者的自我意识，正念领导力可以让组织拥有积极的变革环境，提高变革的成功率和组织的竞争力。

到目前为止，现有实证研究对上述观点给予了充分的证实。Ellen Langer 关于正念的早期研究将其视为一种信息处理的认知过程，通过在特定情况下的不同思考，帮助人们采取有意识的行动，而不是无意识的行动（Weick & Sutcliffe, 2006）。在 Ellen Langer 研究的基础上，Fiol 和 O'connor（2003）认为，在组织环境中，"正念导致扩大扫描，这进一步又导致更多与环境相关的解释和更具歧视性的决策行为"，从而对影响特定组织的环境变化产生更强的适应性反应。先前的研究表明，正念在沟通和解决冲突方面也扮演着重要角色。Ucok（2007）的研究表明，正念倾听和透明度的应用可以减少误解和困惑，改善沟通质量，有助于解决组织冲突。Halcs 和 Chakravorty（2016）的研究指出，适当运用正念可以提高组织流程的可靠性。医疗保健环境中的案例表明，正念训练有助于减少负面事件数量，改善护士与家人之间的关系，提高入住率和护士主管的表现。Gondo 等人（2013）的研究发现，正念有助于培养变革准备状态。通过持续审查、完善和关注变化，正念可以引导组织成员识别和改变根深蒂固的观点或惯例。Senge 等人（2005）的研究表明，正念关注和实践使他人能够模仿或跟随。这项工作通过提供一种用于在变革时期领导他人的探究和对话过程来扩展他们的工作。这个过程不仅建立在模仿或跟随的基础上，也基于深入的对话和交流。此外，Higgs 和 Rowland（2005）的研究强调了自我意识在培养有效变革领导力中的作用，认为有自我意识的领导者更有可能以谨慎的方式引导变革。Zhou 等人（2023）的研究结果表明，创新型人力资源管理通过多个发展实践推动组织变革，包括建设人力资本、奖励创新行为和注重团队发展。同时，研究发现，创新型人力资源管理通过增强 TMT（高级管理团队）的反思能力，进一步促进组织变革。特别是，培训、绩效奖励、团队发展等实践对塑造创新的组织文化规范至关重要。TMT 在此过程中扮演重要角色，因为他们具有较高的成功和变革动机，可以通过创新型人力资源管理实践进行自我观察，从而对行为标准和持续变化的评估提供必要信息。TMT 的自我评价、反思和改进行为进一步促进了组织变革。此外，研究还发现，首席执行官的正念水平对创新型人力资源管理和 TMT 反思之间的关系产生积极影响。首席执行官的正念水平越高，越能够引导创新型人力资源管理实践，促进 TMT 的反思，从而推动组织变革。最后，研究指出，正念能够使个人专注于组织任务，进一步增强了首席执行官领导力对创新型人力资源管理和 TMT 反思之间关系的正向影响。

Hawkins（2010）的研究发现，正念领导变革的过程分为四个阶段。这四个阶段分别是：（a）意识到早期信号；（b）通过深入对话、探索和对话感知来接受；（c）催化问题；（d）采取行动。

研究结果表明，这一过程促进了感知、转变和参与。此外，这些研究结果还定义了用心领导变革的过程。具体来说，正念变革领导涉及这样一个过程：(a)将隐含的事物、思想、情感和其他对象变得显性，同时增加对事物的正念，减少对它们的执着；(b)使集体参与理解他们现在在哪里以及可能会在哪里；(c)从众多声音中形成理解和运动；(d)使用一种整体性的过程，让其他人能够根据新情况决定他们如何适应和对这个世界负有什么责任。正念型领导者以挑战和开放的心态面对团队，这使得团队工作的环境具有生成性，新的问题、想法和概念浮出水面并被探索，而不是像理性问题解决一样分解团队面临的问题。而对于正念领导变革的过程使领导者明白，前进是深思熟虑的结果。当领导者的思维改变、意识扩展，或者新的或替代性的思想被提出时，领导者处于一个不同且更丰富的境地。谨慎和反思中存在着行动和变化，意识的改变即是行动的改变。Chesley 与 Wylson（2016）强调了正念已被证明是员工层面以及整个组织对变革的组织准备的关键组成部分（Gärtner，2013）。正念所强调的"聚焦当下"将人们从日常行为中解脱出来，帮助他们意识到真正发生的事情，而不是坚持先入为主的观念（Gondo, Patterson & Palacios, 2013）。在个人层面，正念的人情绪平衡，这帮助他们积极应对变化，而不是抵制变化（Gärtner，2013）。在组织层面，有意识的组织过程有助于创造一个"接受变革倡议的环境"（Gärtner，2013）。

核心参考

第一章

A-tjak, J. G., Davis, M. L., Morina, N., Powers, M. B., Smits, J. A., & Emmelkamp, P. M. (2015). A meta-analysis of the efficacy of acceptance and commitment therapy for clinically relevant mental and physical health problems. *Psychotherapy and Psychosomatics, 84*(1), 30–36.

Baer, R. A., Smith, G. T., & Allen, K. B. (2004). Assessment of Mindfulness by Self-Report: The Kentucky Inventory of Mindfulness Skills. *Assessment, 11*(3), 191–206.

Baer, R. A., Smith, G. T., Hopkins, J., Krietemeyer, J., & Toney, L. (2006). Using self-report assessment methods to explore facets of mindfulness. *Assessment, 13*(1), 27–45.

Bishop, S. R., Lau, M., Shapiro, S., Carlson, L., Anderson, N. D., Carmody, J., Segal, Z. V., Abbey, S., Speca, M., Velting, D., & Devins, G. (2004). Mindfulness: A proposed operational definition. *Clinical Psychology: Science and Practice, 11*(3), 230–241.

Bluth, K., Lathren, C., Clepper-Faith, M., Larson, L. M., Ogunbamowo, D. O., & Pflum, S. (2023). Improving mental health among transgender adolescents: Implementing mindful self-compassion for teens. *Journal of Adolescent Research, 38*(2), 271–302.

Boettcher, J., Åström, V., Påhlsson, D., Schenström, O., Andersson, G., & Carlbring, P. (2014). Internet-based mindfulness treatment for anxiety disorders: A randomized controlled trial. *Behavior Therapy, 45*(2), 241–253.

Brown, K. W., & Ryan, R. M. (2003). The benefits of being present: Mindfulness and its role in psychological well-being. *Journal of Personality and Social Psychology, 84*(4), 822–848.

Brown, K. W., & Ryan, R. M. (2004). Perils and promises in defining and measuring mindfulness: Observations from experience. *Journal of Clinical Psychology: Science and Practice, 11*(3), 242–248.

Brown, K. W., Ryan, R. M., & Creswell, J. D. (2007). Mindfulness: Theoretical foundations and evidence for its salutary effects. *Psychological Inquiry, 18*(4), 211–237.

Buchheld, N., Grossman, P., & Walach, H. (2001). Measuring mindfulness in insight meditation (Vipassana) and meditation-based psychotherapy: The development of the Freiburg Mindfulness Inventory (FMI). *Journal for Meditation and Meditation Research, 1*(1), 11–34.

Cardaciotto, L., Herbert, J. D., Forman, E. M., Moitra, E., & Farrow, V. (2008). The assessment of present-moment awareness and acceptance: The Philadelphia Mindfulness Scale. *Assessment, 15*(2), 204–223.

Chadwick, P., Hember, M., Symes, J., Peters, E., Kuipers, E., & Dagnan, D. (2008). Responding mindfully to unpleasant thoughts and images: Reliability and validity of the Southampton mindfulness questionnaire (SMQ). *British Journal of Clinical Psychology, 47*(4), 451–455.

Eriksson, T., Germundsjö, L., Åström, E., & Rönnlund, M. (2018). Mindful self-compassion training reduces stress and burnout symptoms among practicing psychologists: A randomized controlled trial of a brief web-based intervention. *Frontiers in Psychology, 9*, 2340–2340.

Feldman, G., Hayes, A., Kumar, S., Greeson, J., & Laurenceau, J.-P. (2007). Mindfulness and emotion regulation: The development and initial validation of the Cognitive and Affective Mindfulness Scale-Revised (CAMS-R). *Journal of Psychopathology and Behavioral Assessment, 29*(3), 177–190.

Fresco, D. M., Moore, M. T., van Dulmen, M. H. M., Segal, Z. V., Ma, S.

H., Teasdale, J. D., & Williams, J. M. G. (2007). Initial psychometric properties of the experiences questionnaire: Validation of a self-report measure of decentering. *Behavior Therapy, 38*(3), 234–246.

Neff, K. D., & Germer, C. K. (2013). A pilot study and randomized controlled trial of the mindful self-compassion program. *Journal of Clinical Psychology, 69*(1), 28–44.

Gloster, A. T., Walder, N., Levin, M. E., Twohig, M. P., & Karekla, M. (2020). The empirical status of acceptance and commitment therapy: A review of meta-analyses. *Journal of Contextual Behavioral Science, 18*, 181–192.

Goldin, P. R., & Gross, J. J. (2010). Effects of mindfulness-based stress reduction (MBSR) on emotion regulation in social anxiety disorder. *Emotion, 10*(1), 83–91.

Good, D. J., Lyddy, C. J., Glomb, T. M., Bono, J. E., Brown, K. W., Duffy, M. K., ... & Lazar, S. W. (2016). Contemplating mindfulness at work: An integrative review. *Journal of Management, 42*(1), 114–142.

Haigh, E. A. P., Moore, M. T., Kashdan, T. B., & Fresco, D. M. (2011). Examination of the factor structure and concurrent validity of the Langer Mindfulness/Mindlessness Scale. *Assessment, 18*(1), 11–26.

Hülsheger, U. R., Alberts, H. J., Feinholdt, A., & Lang, J. W. (2013). Benefits of mindfulness at work: The role of mindfulness in emotion regulation, emotional exhaustion, and job satisfaction. *Journal of Applied Psychology, 98*(2), 310–325.

Kabat-Zinn, J. (1990). *Full catastrophe living: Using the wisdom of your body and mind to face stress, pain, and illness.* New York: Delacorte.

Kabat-Zinn, J. (1994). *Wherever you go, there you are: Mindfulness meditation in everyday life.* White Plains, NY: Hyperion.

Kuyken, W., Watkins, E., Holden, E., White, K., Taylor, R. S., Byford, S., ... & Dalgleish, T. (2010). How does mindfulness-based cognitive therapy work?. *Behaviour Research and Therapy, 48*(11), 1105–1112.

Langer, E. J. (1989). Minding matters: The consequences of mindlessness–

mindfulness. *Advances in Experimental Social Psychology, 22*, 137–173.

    Lau, M. A., Bishop, S. R., Segal, Z. V., Buis, T., Anderson, N. D., Carlson, L., Shapiro, S., Carmody, J., Abbey, S., & Devins, G. (2006). The Toronto Mindfulness Scale: Development and validation. *Journal of Clinical Psychology, 62*(12), 1445–1467.

    Martin, J. R. (1997). Mindfulness: A proposed common factor. *Journal of Psychotherapy Integration, 7*, 291–312.

    McCracken, L. M., Sato, A., & Taylor, G. J. (2013). A trial of a brief group–based form of acceptance and commitment therapy (ACT) for chronic pain in general practice: pilot outcome and process results. *The Journal of Pain, 14*(11), 1398–1406.

    McCracken, L. M., Vowles, K. E., & Eccleston, C. (2005). Acceptance–based treatment for persons with complex, long standing chronic pain: A preliminary analysis of treatment outcome in comparison to a waiting phase. *Behaviour Research and Therapy, 43*(10), 1335–1346.

    Norris, C. J., Creem, D., Hendler, R., & Kober, H. (2018). Brief mindfulness meditation improves attention in novices: Evidence from ERPs and moderation by neuroticism. *Frontiers in Human Neuroscience, 12*, 315–315.

    Roemer, L., & Orsillo, S. M. (2007). An open trial of an acceptance–based behavior therapy for generalized anxiety disorder. *Behavior Therapy, 38*(1), 72–85.

    Segal, Z. V., Teasdale, J. D., & Williams, J. M. G. (2001). *Mindfulness-based cognitive therapy for depression: A new approach to preventing relapse.* Guilford Press.

    Tanay, G., & Bernstein, A. (2013). State Mindfulness Scale (SMS): Development and initial validation. Psychological *Assessment, 25*(4), 1286–1299.

    Tang, Y. Y., & Posner, M. I. (2009). Attention training and attention state training. *Trends in Cognitive Sciences, 13*(5), 222–227.

    Teasdale, J. D., Segal, Z. V., Williams, J. M. G., Ridgeway, V. A., Soulsby, J. M., & Lau, M. A. (2000). Prevention of relapse/recurrence in major depression by mindfulness–based cognitive therapy. *Journal of Consulting and Clinical Psychology, 68*(4), 615–623.

Williams, J. M. G., Alatiq, Y., Crane, C., Barnhofer, T., Fennell, M. J., Duggan, D. S., ... & Goodwin, G. M. (2008). Mindfulness–based cognitive therapy (MBCT) in bipolar disorder: Preliminary evaluation of immediate effects on between-episode functioning. *Journal of Affective Disorders, 107*(1–3), 275–279.

Zheng, X., Ni, D., Liu, X., & Liang, L. H. (2023). Workplace mindfulness: Multidimensional model, scale development and validation. *Journal of Business and Psychology, 38*(4), 777–801.

郑晓明, 倪丹. (2018). 组织管理中正念研究述评. 管理评论, 30(10), 153–168.

沃尔特·艾萨克森. 史蒂夫·乔布斯传. 赵灿, 译. 北京: 中信出版社, 2023.

萨提亚·纳德拉. 刷新: 重新发现商业与未来. 陈昭强、杨洋, 译. 北京: 中信出版社, 2018.

第二章

Abenavoli, R. M., Jennings, P. A., Greenberg, M. T., Harris, A. R., & Katz, D. A. (2013). The protective effects of mindfulness against burnout among educators. *Psychology of Education Review, 37*(2), 57–69.

Anderson, N. D., Lau, M. A., Segal, Z. V., & Bishop, S. R. (2007). Mindfulness–based stress reduction and attentional control. *Clinical Psychology & Psychotherapy, 14*(6), 449–463.

Andrews, M. C., Kacmar, K. M., & Kacmar, C. (2014). The mediational effect of regulatory focus on the relationships between mindfulness and job satisfaction and turnover intentions. *Career Development International, 19*(5), 494–507.

Arshadi, N., & Damiri, H. (2013). The relationship of job stress with turnover intention and job performance: Moderating role of OBSE. *Procedia-Social and Behavioral Sciences, 84*, 706–710.

Asthana, A. N. (2021). Organisational Citizenship Behaviour of MBA students: The role of mindfulness and resilience. *The International Journal of Management Education, 19*(3), 100548.

Baas, M., Nevicka, B., & Ten Velden, F. S. (2014). Specific mindfulness skills differentially predict creative performance. *Personality and Social Psychology Bulletin, 40*(9), 1092–1106.

Bazarko, D., Cate, R. A., Azocar, F., & Kreitzer, M. J. (2013). The impact of an innovative mindfulness–based stress reduction program on the health and well-being of nurses employed in a corporate setting. *Journal of Workplace Behavioral Health, 28*(2), 107–133.

Bellosta–Batalla, M., Cebolla, A., Pérez–Blasco, J., & Moya–Albiol, L. (2021). Introducing mindfulness and compassion–based interventions to improve verbal creativity in students of clinical and health psychology. *Psychology and Psychotherapy: Theory, Research and Practice, 94*(3), 541–557.

Brown, K. W., & Ryan, R. M. (2003). The benefits of being present: Mindfulness and its role in psychological well-being. *Journal of Personality and Social Psychology, 84*(4), 822–848.

Campos, D., Cebolla, A., Quero, S., Bretón–López, J., Botella, C., Soler, J., ... & Baños, R. M. (2016). Meditation and happiness: Mindfulness and self-compassion may mediate the meditation–happiness relationship. *Personality and Individual Differences, 93*, 80–85.

Capel, C. (2014). Mindfulness, indigenous knowledge, indigenous innovations and entrepreneurship. *Journal of Research in Marketing and Entrepreneurship, 16*(1), 63–83.

Carmody, J., & Baer, R. A. (2008). Relationships between mindfulness practice and levels of mindfulness, medical and psychological symptoms and well-being in a mindfulness–based stress reduction program. *Journal of Behavioral Medicine, 31*, 23–33.

Chiesa, A., & Serretti, A. (2009). Mindfulness–based stress reduction for stress management in healthy people: A review and meta-analysis. *The Journal of Alternative and Complementary Medicine, 15*(5), 593–600.

Cho, S., Lee, H., Oh, K. J., & Soto, J. A. (2017). Mindful attention predicts greater recovery from negative emotions, but not reduced reactivity. *Cognition and Emotion, 31*(6), 1252–1259.

Coffey, K. A., & Hartman, M. (2008). Mechanisms of action in the inverse relationship between mindfulness and psychological distress. *Complementary Health Practice Review, 13*(2), 79–91.

Coffey, K., Hartman, M., & Fredrickson, B. (2010). Deconstructing mindfulness and constructing mental health: Understanding mindfulness and its mechanisms of action. *Mindfulness, 1*(4), 235–253.

Coo, C., & Salanova, M. (2018). Mindfulness can make you happy–and–productive: A mindfulness controlled trial and its effects on happiness, work engagement and performance. *Journal of Happiness Studies, 19*(6), 1691–1711.

Dane, E., & Brummel, B. J. (2014). Examining workplace mindfulness and its relations to job performance and turnover intention. *Human Relations, 67*(1), 105–128.

De Jong, A., Hommes, M., Brouwers, A., & Tomic, W. (2013). Effects of mindfulness–based stress reduction course on stress, mindfulness, job self–efficacy and motivation among unemployed people. *Australian Journal of Career Development, 22*(2), 51–62.

Eatough, E. M. (2015). How does employee mindfulness reduce psychological distress?. *Industrial and Organizational Psychology, 8*(4), 643–647.

Epstein, R. M., Marshall, F., Sanders, M., & Krasner, M. S. (2022). Effect of an intensive mindful practice workshop on patient–centered compassionate care, clinician well–being, work engagement, and teamwork. *Journal of Continuing Education in the Health Professions, 42*(1), 19–27.

Finney, N., & Tadros, E. (2018). Integration of structural family therapy and dialectical behavior therapy with high–conflict couples. *The Family Journal, 27*(1),

31-36.

Flook, L., Goldberg, S. B., Pinger, L., Bonus, K., & Davidson, R. J. (2013). Mindfulness for teachers: A pilot study to assess effects on stress, burnout, and teaching efficacy. *Mind, Brain, and Education, 7*(3), 182-195.

Geiger, P. J., Boggero, I. A., Brake, C. A., Caldera, C. A., Combs, H. L., Peters, J. R., & Baer, R. A. (2016). Mindfulness-based interventions for older adults: A review of the effects on physical and emotional well-being. *Mindfulness, 7*, 296-307.

Glomb, T. M., Duffy, M. K., Bono, J. E., & Yang, T. (2011). Mindfulness at work. In: Joshi, A., Liao, H., & Martocchio, J. J. (Eds.) *Research in Personnel and Human Resources Management*. Bingley, UK: Emerald Group Publishing, 115-157.

Goldin, P. R., & Gross, J. J. (2010). Effects of mindfulness-based stress reduction (MBSR) on emotion regulation in social anxiety disorder. *Emotion, 10*(1), 83-91.

Good, D. J., Lyddy, C. J., Glomb, T. M., Bono, J. E., Brown, K. W., Duffy, M. K., ... & Lazar, S. W. (2016). Contemplating mindfulness at work: An integrative review. *Journal of Management, 42*(1), 114-142.

Gunasekara, A., & Zheng, C. S. (2019). Examining the effect of different facets of mindfulness on work engagement. *Employee Relations, 41*(1), 193-208.

Harvey, J., Crowley, J., & Woszidlo, A. (2019). Mindfulness, conflict strategy use, and relational satisfaction: A dyadic investigation. *Mindfulness, 10*, 749-758.

Hertz, R. M., Laurent, H. K., & Laurent, S. M. (2015). Attachment mediates effects of trait mindfulness on stress responses to conflict. *Mindfulness, 6*, 483-489.

Hollis-Walker, L., & Colosimo, K. (2011). Mindfulness, self-compassion, and happiness in non-meditators: A theoretical and empirical examination. *Personality and Individual Differences, 50*(2), 222-227.

Hu, Y., Zhao, X., & Chen, Y. (2019). The influence of managerial mindfulness on innovation: Evidence from China. *Sustainability, 11*(10), 2914.

Hülsheger, U. R., Alberts, H. J., Feinholdt, A., & Lang, J. W. (2013). Benefits of mindfulness at work: The role of mindfulness in emotion regulation, emotional exhaustion, and job satisfaction. *Journal of Applied Psychology, 98*(2), 310–325.

Jahanzeb, S., Fatima, T., Javed, B., & Giles, J. P. (2020). Can mindfulness overcome the effects of workplace ostracism on job performance?. *The Journal of Social Psychology, 160*(5), 589–602.

Janssen, M., Van der Heijden, B., Engels, J., Korzilius, H., Peters, P., & Heerkens, Y. (2020). Effects of mindfulness–based stress reduction training on healthcare professionals' mental health: Results from a pilot study testing its predictive validity in a specialized hospital setting. *International Journal of Environmental Research and Public Health, 17*(24), 9420.

Jobbehdar Nourafkan, N., Tanova, C., & Gokmenoglu, K. K. (2023). Can mindfulness improve organizational citizenship and innovative behaviors through its impact on well–being among academics?. *Psychological Reports, 126*(4), 2027–2048.

Kappen, G., Karremans, J. C., Burk, W. J., & Buyukcan–Tetik, A. (2018). On the association between mindfulness and romantic relationship satisfaction: The role of partner acceptance. *Mindfulness, 9*(5), 1543–1556.

Keng, S. L., Robins, C. J., Smoski, M. J., Dagenbach, J., & Leary, M. R. (2013). Reappraisal and mindfulness: A comparison of subjective effects and cognitive costs. *Behaviour Research and Therapy, 51*(12), 899–904.

Khaddouma, A., Coop Gordon, K., & Strand, E. B. (2017). Mindful mates: A pilot study of the relational effects of mindfulness–based stress reduction on participants and their partners. *Family Process, 56*(3), 636–651.

Khaddouma, A., & Gordon, K. C. (2018). Mindfulness and young adult dating relationship stability: A longitudinal path analysis. *Mindfulness, 9*(5), 1529–1542.

Khan, S., Singh, J. S. K., Kaur, D., & Arumugam, T. (2020). Mindfulness in an age of digital distraction and the effect of mindfulness on employee engagement, wellbeing, and perceived stress. *Global Business and Management Research, 12*(3),

77–86.

Killingsworth, M. A., & Gilbert, D. T. (2010). A wandering mind is an unhappy mind. *Science, 330*(6006), 932–932.

Kimmes, J. G., Durtschi, J. A., & Fincham, F. D. (2017). Perception in romantic relationships: A latent profile analysis of trait mindfulness in relation to attachment and attributions. *Mindfulness, 8*, 1328–1338.

Kimmes, J. G., Jaurequi, M. E., May, R. W., Srivastava, S., & Fincham, F. D. (2018). Mindfulness in the context of romantic relationships: Initial development and validation of the relationship mindfulness measure. *Journal of Marital and Family Therapy, 44*(4), 575–589.

Kong, F., Wang, X., & Zhao, J. (2014). Dispositional mindfulness and life satisfaction: The role of core self–evaluations. *Personality and Individual Differences*, 56, 165–169.

Lebuda, I., Zabelina, D. L., & Karwowski, M. (2016). Mind full of ideas: A meta–analysis of the mindfulness–creativity link. *Personality and Individual Differences, 93*, 22–26.

Lenger, K. A., Gordon, C. L., & Nguyen, S. P. (2017). Intra–individual and cross–partner associations between the five facets of mindfulness and relationship satisfaction. *Mindfulness, 8*, 171–180.

Lin, C.–Y., Huang, C.–K., Li, H.–X., Chang, T.–W., & Hsu, Y.–C. (2022). Will they stay or leave? Interplay of organizational learning culture and workplace mindfulness on job satisfaction and turnover intentions. *Public Personnel Management, 51*(1), 24–47.

Lindsay, E. K., & Creswell, J. D. (2017). Mechanisms of mindfulness training: Monitor and Acceptance Theory (MAT). *Clinical Psychology Review, 51*, 48–59.

Mackenzie, C. S., Poulin, P. A., & Seidman–Carlson, R. (2006). A brief mindfulness–based stress reduction intervention for nurses and nurse aides. *Applied Nursing Research, 19*(2), 105–109.

Martha, H., Anindita, R., & Jus'a, D. I. (2022). Organizational culture & work motivation: Effect on job satisfaction and turnover intention in hospital industry. *International Journal of Research and Review, 9*(3), 152–165.

Matsuo, M. (2022). Linking the effects of mindfulness and strengths use on work engagement: Two three–wave longitudinal studies. *Current Psychology, 41*(7), 4942–4951.

Mesmer–Magnus, J., Manapragada, A., Viswesvaran, C., & Allen, J. W. (2017). Trait mindfulness at work: A meta–analysis of the personal and professional correlates of trait mindfulness. *Human Performance, 30*(2/3), 79–98.

Monroe, C., Loresto, F., Horton–Deutsch, S., Kleiner, C., Eron, K., Varney, R., & Grimm, S. (2021). The value of intentional self–care practices: The effects of mindfulness on improving job satisfaction, teamwork, and workplace environments. *Archives of Psychiatric Nursing, 35*(2), 189–194.

Montani, F., Vandenberghe, C., Khedhaouria, A., & Courcy, F. (2020). Examining the inverted U–shaped relationship between workload and innovative work behavior: The role of work engagement and mindfulness. *Human Relations, 73*(1), 59–93.

Nezlek, J. B., Holas, P., Rusanowska, M., & Krejtz, I. (2016). Being present in the moment: Event–level relationships between mindfulness and stress, positivity, and importance. *Personality and Individual Differences, 93*, 1–5.

Nguyen, T. N. Q., Ngo, L. V., & Surachartkumtonkun, J. (2019). When do–good meets empathy and mindfulness. *Journal of Retailing and Consumer Services, 50*, 22–29.

Op den Kamp, E. M., Tims, M., Bakker, A. B., & Demerouti, E. (2023). Creating a creative state of mind: Promoting creativity through proactive vitality management and mindfulness. *Applied Psychology: An International Review, 72*(2), 743–768.

Orzech, K. M., Shapiro, S. L., Brown, K. W., & McKay, M. (2009). Intensive mindfulness training–related changes in cognitive and emotional experience. *The Journal of Positive Psychology, 4*(3), 212–222.

Pang, D., & Ruch, W. (2019). Fusing character strengths and mindfulness interventions: Benefits for job satisfaction and performance. *Journal of Occupational Health Psychology, 24*(1), 150–162.

Pipe, T. B., Bortz, J. J., Dueck, A., Pendergast, D., Buchda, V., & Summers, J. (2009). Nurse leader mindfulness meditation program for stress management: A randomized controlled trial. *The Journal of Nursing Administration, 39*(3), 130–137.

Prakash, R. S., Whitmoyer, P., Aldao, A., & Schirda, B. (2017). Mindfulness and emotion regulation in older and young adults. *Aging & Mental Health, 21*(1), 77–87.

Puswiartika, D., Bettega, M., & Ratu, B. (2021). The effect of mindfulness-based intervention on service commitment of the employees of telecommunication service provider in Covid-19 pandemic. *Academy of Entrepreneurship Journal, 27*(5), 1–7.

Reb, J., Narayanan, J., Chaturvedi, S., & Ekkirala, S. (2017). The mediating role of emotional exhaustion in the relationship of mindfulness with turnover intentions and job performance. *Mindfulness, 8*(3), 707–716.

Robinson, M. D., & Krishnakumar, S. (2022). Mindfulness and voluntary work behavior: Further support for an affect mediation model. *Frontiers in Psychology, 13*, 742221.

Schroevers, M. J., & Brandsma, R. (2010). Is learning mindfulness associated with improved affect after mindfulness-based cognitive therapy? *The British Journal of Psychology, 101*(1), 95–107.

Schwager, I. T., Hülsheger, U. R., & Lang, J. W. (2016). Be aware to be on the square: Mindfulness and counterproductive academic behavior. *Personality and Individual Differences, 93*, 74–79.

Sedaghat, M., Mohammadi, R., Alizadeh, K., & Imani, A. H. (2011). The effect of mindfulness-based stress reduction on mindfulness, stress level, psychological and emotional well-being in Iranian sample. *Procedia-Social and Behavioral*

Sciences, 30, 929–934.

Shapiro, S. L., Brown, K. W., & Biegel, G. M. (2007). Teaching self–care to caregivers: Effects of mindfulness–based stress reduction on the mental health of therapists in training. *Training and Education in Professional Psychology, 1*(2), 105–115.

Shapiro, S. L., Carlson, L. E., Astin, J. A., & Freedman, B. (2006). Mechanisms of mindfulness. *Journal of Clinical Psychology, 62*(3), 373–386.

Shapiro, S. L., Oman, D., Thoresen, C. E., Plante, T. G., & Flinders, T. (2008). Cultivating mindfulness: Effects on well–being. *Journal of Clinical Psychology, 64*(7), 840–862.

Smith, B. W., Shelley, B. M., Dalen, J., Wiggins, K., Tooley, E., & Bernard, J. (2008). A pilot study comparing the effects of mindfulness–based and cognitive-behavioral stress reduction. *The Journal of Alternative and Complementary Medicine, 14*(3), 251–258.

Wadlinger, H. A., & Isaacowitz, D. M. (2011). Fixing our focus: Training attention to regulate emotion. *Personality and Social Psychology Review, 15*(1), 75–102.

Wang, Y., & Kong, F. (2014). The role of emotional intelligence in the impact of mindfulness on life satisfaction and mental distress. *Social Indicators Research, 116*, 843–852.

Yagil, D., Medler–Liraz, H., & Bichachi, R. (2023). Mindfulness and self–efficacy enhance employee performance by reducing stress. *Personality and Individual Differences, 207*, 112150.

Zedelius, C. M., & Schooler, J. W. (2015). Mind wandering "Ahas" versus mindful reasoning: Alternative routes to creative solutions. *Frontiers in Psychology, 6*, 834–834.

Zhang, A., & Zhang, Q. (2023). How could mindfulness–based intervention reduce aggression in adolescent? Mindfulness, emotion dysregulation and self-control as mediators. *Current Psychology, 42*(6), 4483–4497.

Zheng, X., Ni, D., Liu, X., & Zhang, M. (2023). A mixed blessing? State mindfulness change, ego depletion and counterproductive work behaviour. *Journal of Occupational & Organizational Psychology, 96*(2), 308–331.

Zoogman, S., Goldberg, S. B., Hoyt, W. T., & Miller, L. (2015). Mindfulness interventions with youth: A meta-analysis. *Mindfulness, 6*, 290–302.

刘斯漫, 卢佳琪, 卢莉. (2015). 正念训练对某校医学生主观幸福感和心理幸福感的影响. 中国学校卫生, 36(8), 1195–1198.

倪丹, 郑晓明. (2019). 今天, 你正念了吗? ——正念帮你改善工作家庭体验. 清华管理评论, (11), 42–49.

倪丹, 刘琛琳, 郑晓明. (2021). 员工正念对配偶家庭满意度和工作投入的影响. 心理学报, 53(2), 199–214.

庞娇艳, 柏涌海, 唐晓晨, 罗劲. (2010). 正念减压疗法在护士职业倦怠干预中的应用. 心理科学进展, 18(10), 1529–1536.

徐慰, 刘兴华. (2013). 正念训练提升幸福感的研究综述. 中国心理卫生杂志, 27(3), 197–202.

卫武, 黎金荣, 刘霞. (2023). COR 理论与 SOC 模型整合视角下正念对工作幸福感的影响研究. 管理学报, 20(6), 836–845.

郑晓明, 倪丹, 刘鑫. (2019). 基于体验抽样法的正念对工作 – 家庭增益的影响研究. 管理学报, 16(3), 360–368+407.

第三章

Aubé, C., Brunelle, E., & Rousseau, V. (2014). Flow experience and team performance: The role of team goal commitment and information exchange. *Motivation and Emotion, 38*(1), 120–130.

Baas, M., De Dreu, C. K., & Nijstad, B. A. (2008). A meta-analysis of 25 years of mood-creativity research: Hedonic tone, activation, or regulatory focus?. *Psychological Bulletin, 134*(6), 779–806.

Baas, M., Nevicka, B., & Ten Velden, F. S. (2014). Specific mindfulness skills differentially predict creative performance. *Personality and Social Psychology*

Bulletin, 40(9), 1092–1106.

Barnes, S., Brown, K. W., Krusemark, E., Campbell, W. K., & Rogge, R. D. (2007). The role of mindfulness in romantic relationship satisfaction and responses to relationship stress. *Journal of Marital and Family Therapy, 33*(4), 482–500.

Beach, M. C., Roter, D., Korthuis, P. T., Epstein, R. M., Sharp, V., Ratanawongsa, N., Cohn, J., Eggly, S., Sankar, A., Moore, R. D., & Saha, S. 2013. A multicenter study of physician mindfulness and health care quality. *The Annals of Family Medicine, 11*, 421–428.

Beckman, H. B., Wendland, M., Mooney, C., Krasner, M. S., Quill, T. E., Suchman, A. L., & Epstein, R. M. (2012). The impact of a program in mindful communication on primary care physicians. *Academic Medicine, 87*(6), 815–819.

Bond, F. W., & Bunce, D. (2003). The role of acceptance and job control in mental health, job satisfaction, and work performance. *Journal of Applied Psychology, 88*(6), 1057–1067.

Burgoon, J. K., Berger, C. R., & Waldron, V. R. (2000). Mindfulness and interpersonal communication. *Journal of Social Issues, 56*(1), 105–127.

Carson, S. H., & Langer, E. J. (2006). Mindfulness and self–acceptance. *Journal of Rational-Emotive and Cognitive-Behavior Therapy, 24*, 29–43.

Chiesa, A., Calati, R., & Serretti, A. (2011). Does mindfulness training improve cognitive abilities? A systematic review of neuropsychological findings. *Clinical Psychology Review, 31*, 449–464.

Dane, E., & Brummel, B. J. (2014). Examining workplace mindfulness and its relations to job performance and turnover intention. *Human Relations, 67*(1), 105–128.

Davis, M. A. (2009). Understanding the relationship between mood and creativity: A meta–analysis. *Organizational Behavior and Human Decision Processes, 108*(1), 25–38.

Fasbender, U., Burmeister, A., & Wang, M. (2020). Motivated to be socially mindful: Explaining age differences in the effect of employees' contact quality with coworkers on their coworker support. *Personnel Psychology, 73*(3), 407–430.

Good, D. J., Lyddy, C. J., Glomb, T. M., Bono, J. E., Brown, K. W., Duffy, M. K., ... & Lazar, S. W. (2016). Contemplating mindfulness at work: An integrative review. *Journal of Management, 42*(1), 114–142.

Hargadon, A. B., & Bechky, B. A. (2006). When collections of creatives become creative collectives: A field study of problem solving at work. *Organization Science, 17*(4), 484–500.

Henriksen, D., Richardson, C., & Shack, K. (2020). Mindfulness and creativity: Implications for thinking and learning. *Thinking Skills and Creativity, 37*, 100689.

Hülsheger, U. R., Alberts, H. J. E. M., Feinholdt, A., & Lang, J. W. B. (2013). Benefits of mindfulness at work: The role of mindfulness in emotion regulation, emotional exhaustion, and job satisfaction. *Journal of Applied Psychology, 98*(2), 310–325.

Kay, A. A., & Skarlicki, D. P. (2020). Cultivating a conflict–positive workplace: How mindfulness facilitates constructive conflict management. *Organizational Behavior and Human Decision Processes, 159*, 8–20.

Lebuda, I., Zabelina, D. L., & Karwowski, M. (2016). Mind full of ideas: A meta–analysis of the mindfulness–creativity link. *Personality & Individual Differences, 93*, 22–26.

Lee, C., & Wong, C. S. (2019). The effect of team emotional intelligence on team process and effectiveness. *Journal of Management & Organization, 25*(6), 844–859.

Liu, B., Zhao, H., Wang, Y., & Lu, Q. (2021). The influence of team mindfulness on nurses' presenteeism: A cross–sectional study from the perspective of sensemaking. *Journal of Nursing Management, 29*(6), 1668–1678.

Liu, S., Xin, H., Shen, L., He, J., & Liu, J. (2020). The influence of individual and team mindfulness on work engagement. *Frontiers in Psychology, 10*, 2928.

Rusdi, Z. M., & Wibowo, A. (2022). Team mindfulness, team commitment and team respectful engagement: The lens of the conservation of resources theory and the broaden–and–build theory. *Organization Management Journal, 19*(5), 189–199.

Majeed, M., Irshad, M., Khan, I., & Saeed, I. (2023). The impact of team mindfulness on project team performance: The moderating role of effective team leadership. *Project Management Journal, 54*(2), 162–178.

Moore, A., & Malinowski, P. (2009). Meditation, mindfulness and cognitive flexibility. *Consciousness and Cognition, 18*(1), 176–186.

Ni, D., Zheng, X., & Liang, L. H. (2022). Rethinking the role of team mindfulness in team relationship conflict: A conflict management perspective. *Journal of Organizational Behavior, 43*(5), 878–891.

Oeij, P. R., Dhondt, S., & Gaspersz, J. (2016). Mindful infrastructure as an enabler of innovation resilience behaviour in innovation teams. *Team Performance Management, 22*(7/8), 334–353.

Oeij, P. R., Dhondt, S., Gaspersz, J. B., & Vroome, E. M. D. (2016b). Can teams benefit from using a mindful infrastructure when defensive behaviour threatens complex innovation projects?. *International Journal of Project Organisation and Management, 8*(3), 241–258.

Ostafin, B. D., & Kassman, K. T. (2012). Stepping out of history: Mindfulness improves insight problem solving. *Consciousness and Cognition, 21*(2), 1031–1036.

Pepping, C. A., Walters, B., Davis, P. J., & O'Donovan, A. (2016). Why do people practice mindfulness? An investigation into reasons for practicing mindfulness meditation. *Mindfulness, 7*, 542–547.

Prabhu, V., Sutton, C., & Sauser, W. (2008). Creativity and certain personality traits: Understanding the mediating effect of intrinsic motivation. *Creativity Research Journal, 20*(1), 53–66.

Reb, J., Narayanan, J., & Chaturvedi, S. (2014). Leading mindfully: Two studies on the influence of supervisor trait mindfulness on employee well–being and performance. *Mindfulness, 5*, 36–45.

Reb, J., Narayanan, J., & Ho, Z. W. (2015). Mindfulness at work: Antecedents and consequences of employee awareness and absent-mindedness. *Mindfulness, 6,* 111–122.

Ruocco, A. C., & Direkoglu, E. 2013. Delineating the contributions of sustained attention and working memory to individual differences in mindfulness. *Personality and Individual Differences, 54,* 226–230.

Rupprecht, S., Koole, W., Chaskalson, M., Tamdjidi, C., & West, M. (2019). Running too far ahead? Towards a broader understanding of mindfulness in organizations. *Current Opinion in Psychology, 28,* 32–36.

Schuh, S. C., Zheng, M. X., Xin, K. R., & Fernandez, J. A. (2019). The interpersonal benefits of leader mindfulness: A serial mediation model linking leader mindfulness, leader procedural justice enactment, and employee exhaustion and performance. *Journal of Business Ethics, 156*(4), 1007–1025.

Schutte, N. S., & Malouff, J. M. (2011). Emotional intelligence mediates the relationship between mindfulness and subjective well-being. *Personality and Individual Differences, 50*(7), 1116–1119.

Selart, M., Schei, V., Lines, R., & Nesse, S. (2020). Can mindfulness be helpful in team decision-making? A framework for understanding how to mitigate false consensus. *European Management Review, 17*(4), 1015–1026.

Vogus, T. J., & Sutcliffe, K. M. (2012). Organizational mindfulness and mindful organizing: A reconciliation and path forward. *Academy of Management Learning & Education, 11*(4), 722–735.

Xie, L. (2022). Flow in work teams: The role of emotional regulation, voice, and team mindfulness. *Current Psychology, 41*(11), 7867–7877.

Yu, L., & Zellmer-Bruhn, M. (2018). Introducing team mindfulness and considering its safeguard role against conflict transformation and social undermining. *Academy of Management Journal, 61*(1), 324–347.

Zhang, J., Ding, W., Li, Y., & Wu, C. (2013). Task complexity matters: The influence of trait mindfulness on task and safety performance of nuclear power plant operators. *Personality and Individual Differences, 55*(4), 433–439.

Zoogman, S., Goldberg, S. B., Hoyt, W. T., & Miller, L. (2015). Mindfulness interventions with youth: A meta-analysis. *Mindfulness, 6*(2), 290–302.

Zu, C., Zeng, H., & Zhou, X. (2019). Computational simulation of team creativity: The benefit of member flow. *Frontiers in Psychology, 10*, 188.

倪丹, 刘琛琳, 郑晓明. (2021). 员工正念对配偶家庭满意度和工作投入的影响. 心理学报, 53(2), 199–214.

姚柱, 罗瑾琏, 张显春. (2020). "势不两立"还是"相得益彰": 领导下属正念一致性与创新绩效. 科学学与科学技术管理, 41(3), 80–93.

郑晓明, 倪丹. (2018). 组织管理中正念研究述评. 管理评论, 30(10), 153–168.

第四章

Baas, M., Nevicka, B., & Ten Velden, F. S. (2014). Specific mindfulness skills differentially predict creative performance. *Personality and Social Psychology Bulletin, 40*(9), 1092–1106.

Barry, D., & Meisiek, S. (2010). Seeing more and seeing differently: Sensemaking, mindfulness, and the workarts. *Organization Studies, 31*(11), 1505–1530.

Bayraktar, A., & Oly Ndubisi, N. (2014). The role of organizational mindfulness in firms' globalization and global market performance. *Journal of Research in Marketing and Entrepreneurship, 16*(1), 26–46.

Butler, B. S., & Gray, P. H. (2006). Reliability, mindfulness, and information systems. *MIS Quarterly, 30*(2), 211–224.

Dane, E. (2013). Things seen and unseen: Investigating experience-based qualities of attention in a dynamic work setting. *Organization Studies, 34*(1), 45–78.

Dierynck, B., Leroy, H., Savage, G. T., & Choi, E. (2017). The role of individual and collective mindfulness in promoting occupational safety in health care. *Medical Care Research and Review, 74*(1), 79–96.

Fichman, R. G., Dos Santos, B. L., & Zheng, Z. (2014). Digital innovation as a fundamental and powerful concept in the information systems curriculum. *MIS Quarterly, 38*(2), 329–353.

Fraher, A. L., Branicki, L. J., & Grint, K. (2017). Mindfulness in action: Discovering how US Navy Seals build capacity for mindfulness in high–reliability organizations (HROs). *Academy of Management Discoveries, 3*(3), 239–261.

Hargadon, A. B., & Bechky, B. A. (2006). When collections of creatives become creative collectives: A field study of problem solving at work. *Organization Science, 17*(4), 484–500.

Hoy, W. K., Gage III, C. Q., & Tarter, C. J. (2006). School mindfulness and faculty trust: Necessary conditions for each other?. *Educational Administration Quarterly, 42*(2), 236–255.

Klein, K. J., Ziegert, J. C., Knight, A. P., & Xiao, Y. (2006). Dynamic delegation: Shared, hierarchical, and deindividualized leadership in extreme action teams. *Administrative Science Quarterly, 51*(4), 590–621.

Madsen, P., Desai, V., Roberts, K., & Wong, D. (2006). Mitigating hazards through continuing design: The birth and evolution of a pediatric intensive care unit. *Organization Science, 17*(2), 239–248.

McKinney Jr, E. H., Barker, J. R., Davis, K. J., & Smith, D. (2005). How swift starting action teams get off the ground: What United flight 232 and airline flight crews can tell us about team communication. *Management Communication Quarterly, 19*(2), 198–237.

Mitmansgruber, H., Beck, T. N., & Schüßler, G. (2008). "Mindful helpers": Experiential avoidance, meta–emotions, and emotion regulation in paramedics. *Journal of Research in Personality, 42*(5), 1358–1363.

Morgeson, F. P., & Hofmann, D. A. (1999). The structure and function of collective constructs: Implications for multilevel research and theory development. *Academy of Management Review, 24*(2), 249–265.

Ndubisi, N. O. (2012). Mindfulness, reliability, pre–emptive conflict handling, customer orientation and outcomes in Malaysia's healthcare sector. *Journal of*

Business Research, 65(4), 537–546.

Oeij, P. R., Hulsegge, G., & Preenen, P. T. (2022). Organisational mindfulness as a sustainable driver of employee innovation adoption: Individual and organisational factors. *Safety Science, 154*, 105841.

Oredo, J. O., & Njihia, J. M. (2015). Mindfulness and quality of innovation in cloud computing adoption. *International Journal of Business and Management, 10*(1), 144–160.

Ray, J.L., Baker, L.T., & Plowman, D.A. (2011). Organizational mindfulness in business schools. *Academy of Management Learning and Education, 10*(2), 188–203.

Rerup, C. (2009). Attentional triangulation: Learning from unexpected rare crises. *Organization Science, 20*(5), 876–893.

Roberts, R. J., Hager, L. D., & Heron, C. (1994). Prefrontal cognitive processes: Working memory and inhibition in the antisaccade task. *Journal of Experimental Psychology: General, 123*(4), 374–393.

Roth, E. M., Multer, J., & Raslear, T. (2006). Shared situation awareness as a contributor to high reliability performance in railroad operations. *Organization Studies, 27*(7), 967–987.

Ruedy, N. E., & Schweitzer, M. E. (2010). In the moment: The effect of mindfulness on ethical decision making. *Journal of Business Ethics, 95*(Suppl 1), 73–87.

Sutcliffe, K. M., Vogus, T. J., & Dane, E. (2016). Mindfulness in organizations: A cross-level review. *Annual Review of Organizational Psychology and Organizational Behavior, 3*, 55–81.

Tobias Mortlock, J., Carter, A., & Querstret, D. (2022). Extending the transformative potential of mindfulness through team mindfulness training, integrating individual with collective mindfulness, in a high–stress military setting. *Frontiers in Psychology, 13*, 867110.

Valorinta, M. (2009). Information technology and mindfulness in organizations. *Industrial and Corporate Change, 18*(5), 963–997.

Van Dyck, C., Frese, M., Baer, M., & Sonnentag, S. (2005). Organizational error management culture and its impact on performance: A two–study replication. *Journal of Applied Psychology, 90*(6), 1228–1240.

Vogus, T. J., Cooil, B., Sitterding, M., & Everett, L. Q. (2014). Safety organizing, emotional exhaustion, and turnover in hospital nursing units. *Medical Care, 52*(10), 870–876.

Vogus, T. J., Rothman, N. B., Sutcliffe, K. M., & Weick, K. E. (2014). The affective foundations of high–reliability organizing. *Journal of Organizational Behavior, 35*(4), 592–596.

Vogus, T. J., & Sutcliffe, K. M. (2007). The Safety Organizing Scale: development and validation of a behavioral measure of safety culture in hospital nursing units. *Medical Care, 45*(1), 46–54.

Vogus, T. J., & Sutcliffe, K. M. (2012). Organizational mindfulness and mindful organizing: A reconciliation and path forward. *Academy of Management Learning & Education, 11*(4), 722–735.

Vogus, T. J., & Welbourne, T. M. (2003). Structuring for high reliability: HR practices and mindful processes in reliability–seeking organizations. *Journal of Organizational Behavior, 24*(7), 877–903.

Weick, K. E., & Quinn, R. E. (1999). Organizational change and development. *Annual Review of Psychology, 50*(1), 361–386.

Weick, K. E., & Roberts, K. H. (1993). Collective mind in organizations: Heedful interrelating on flight decks. *Administrative Science Quarterly, 38*(3), 357–381.

Weick, K. E., & Sutcliffe, K. M. (2001). *Managing the unexpected (Vol. 9)*. San Francisco: Jossey–Bass.

Weick, K. E., & Sutcliffe, K. M. (2006). Mindfulness and the quality of organizational attention. *Organization Science, 17*(4), 514–524.

Weick, K. E., & Sutcliffe, K. M. (2011). *Managing the unexpected: Resilient performance in an age of uncertainty (Vol. 8)*. NJ: John Wiley & Sons.

Wilson, D. S., Talsma, A., & Martyn, K. (2011). Mindfulness: A qualitative description of the behaviors charge nurses enact to safely staff patient care units. *Western Journal of Nursing Research, 33*(6), 805–524.

Wu, C. M., & Chen, T. J. (2019). Inspiring prosociality in hotel workplaces: Roles of authentic leadership, collective mindfulness, and collective thriving. *Tourism Management Perspectives, 31*, 123–135.

郑晓明, 倪丹. (2018). 组织管理中正念研究述评. 管理评论, 30(10), 153–168.

诸彦含, 陈国良, 徐俊英. (2020). 组织中的正念: 基于认知的动态衍生过程及干预. 心理科学进展, 28(3), 510–522.

第五章

Bishop, S. R., Lau, M., Shapiro, S., Carlson, L., Anderson, N. D., Carmody, J., Segal, Z. V., Abbey, S., Speca, M., Velting, D., & Devins, G. (2004). Mindfulness: A proposed operational definition. *Clinical Psychology: Science and Practice, 11*(3), 230–241.

Chesley, J., & Wylson, A. (2016). Ambiguity: The emerging impact of mindfulness for change leaders. *Journal of Change Management, 16*(4), 317–336.

Fiol, C. M., & O'Connor, E. J. (2003). Waking up! Mindfulness in the face of bandwagons. *Academy of Management Review, 28*(1), 54–70.

Gärtner, C. (2013). Enhancing readiness for change by enhancing mindfulness. *Journal of Change Management, 13*(1), 52–68.

Gondo, M., Patterson, K. D., & Palacios, S. T. (2013). Mindfulness and the development of a readiness for change. *Journal of Change Management, 13*(1), 36–51.

Higgs, M., & Rowland, D. (2005). All changes great and small: Exploring approaches to change and its leadership. *Journal of Change Management, 5*(2), 121–151.

Senge, P., Scharmer, C. O., Jaworski, J. & Flowers, B. S. (2005), *Presence: Exploring profound change in people, organizations, and society.* London: Nicholas Brealey Publishing.

Ucok, O. (2007). *Dropping into being: Exploring mindfulness as lived experience.* 5th annual international conference on Mindfulness for Clinicians, Researchers and Educators: Integrating Mindfulness–Based Interventions into Medicine, Healthcare and Society, Worcester, MA. Manuscript in preparation.

Wibowo, A., & Paramita, W. (2022). Resilience and turnover intention: The role of mindful leadership, empathetic leadership, and self–regulation. *Journal of Leadership & Organizational Studies, 29*(3), 325–341.

Yu, S.–C. (2023). Cohort difference in job environments: The mediating effect of organizational identification on the relationships between mindful leadership and self–spirituality. *Journal of General Psychology, 150*(3), 363–377.

Zhou, L., Liu, Y., Xue, T., & Zhang, X. (2023). Innovation–oriented HRM, TMT reflexivity and organizational change in China: the moderated mediation effect of CEO leader mindfulness. *Asia Pacific Business Review, 29*(1), 227–247.

致谢

在此，我们谨向清华大学出版社及本书的责任编辑宋冬雪表示衷心的感谢。由于你们的信任和支持，我们得以顺利撰写了这本重要的书。我们还要特别感谢郝雨和徐梦然两位同学在本书写作过程中所提供的支持与帮助。我们在此特别感谢国家自然科学基金项目的资助（编号 71771133、72202248）。

郑晓明　倪丹

2024 年 6 月

作者简介

郑晓明

现任清华大学经济管理学院领导力与组织管理系长聘教授，博士生导师，兼任中国工商管理案例中心主任。自 1998 年获得中国科学院心理研究所工业与组织心理学博士学位后，加入清华大学经济管理学院任教。研究领域集中在领导学、积极组织行为、正念、创造力与创新过程、组织变革与组织文化。作为负责人，主持了 4 项国家自然科学基金项目及 1 项教育部人文社科项目。郑晓明教授还在 *Academy of Management Journal*、*Strategic Management Journal*、*Journal of Applied Psychology*、*Journal of Organizational Behavior*、*Journal of Business Ethics*、*Harvard Business Review* 以及《心理学报》《管理世界》《南开管理评论》《中国软科学》等国内外顶尖及一流的中英文刊物上发表了多篇高质量的学术论文。郑晓明教授还注重理论与实践相结合，不仅完成了企业委托的 20 多项横向咨询课题，还对中外近百家知名企业做过管理顾问及培训工作。他撰写出版了专著教材 8 本，其中教材《人力资源管理导论》一书畅销 13 年，再版 3 次，被海内外近 20 所大学选为人力资源专业本科生及研究生教材。同时，郑晓明教授深入企业开发了《中粮集团》《海底捞公司》《宁波方太集团》《特锐德团队创业之路》《北新建材》等50多个教学案例，分别收录于清华大学中国工商管理案例库与哈佛大学商学院案例库，为探索中国式管理模式，取得了系列应用性成果。

倪丹

现任中山大学管理学院工商管理教研室助理教授。自2021年获得清华大学经济管理学院工商管理学博士学位后，加入中山大学管理学院任教。研究领域集中在正念、领导力、建言、创造力与创新。作为负责人，主持了1项国家自然科学基金项目，并参与多项国家自然科学基金项目和国家社会科学基金项目。倪丹还在 *Journal of Applied Psychology*、*Journal of Management*、*Human Resource Management*、*Human Relations*、*Journal of Organizational Behavior* 以及《心理学报》《管理评论》等国内外顶尖及一流的中英文刊物上发表了多篇高质量的学术论文。